Wissenschaftliche Beiträge
aus dem Tectum Verlag

Reihe Politikwissenschaft
Band 85

Jonas Jacholke

Zwischen Notwendigkeit und Unmöglichkeit

Analyse der Strategiebildung deutscher Außen- und Sicherheitspolitik im Umgang mit Kontingenz

Tectum Verlag

Jonas Jacholke
Zwischen Notwendigkeit und Unmöglichkeit. Analyse der Strategiebildung deutscher Außen- und Sicherheitspolitik im Umgang mit Kontingenz

ISBN: 978-3-8288-4379-0
E-Book: 978-3-8288-7361-2

Wissenschaftliche Beiträge aus dem Tectum Verlag,
Reihe: Politikwissenschaft; Bd. 85
ISSN 1861-7840

Printed in Germany

Informationen zum Verlagsprogramm finden Sie unter
www.tectum-verlag.de

Bibliografische Informationen der Deutschen Nationalbibliothek
Die Deutsche Nationalbibliothek verzeichnet diese Publikation in der Deutschen Nationalbibliografie; detaillierte bibliografische Angaben sind im Internet über http://dnb.ddb.de abrufbar.

Bibliographic information published by the Deutsche Nationalbibliothek
The Deutsche Nationalbibliothek lists this publication in the Deutsche Nationalbibliografie; detailed bibliographic data are available online at http://dnb.ddb.de.

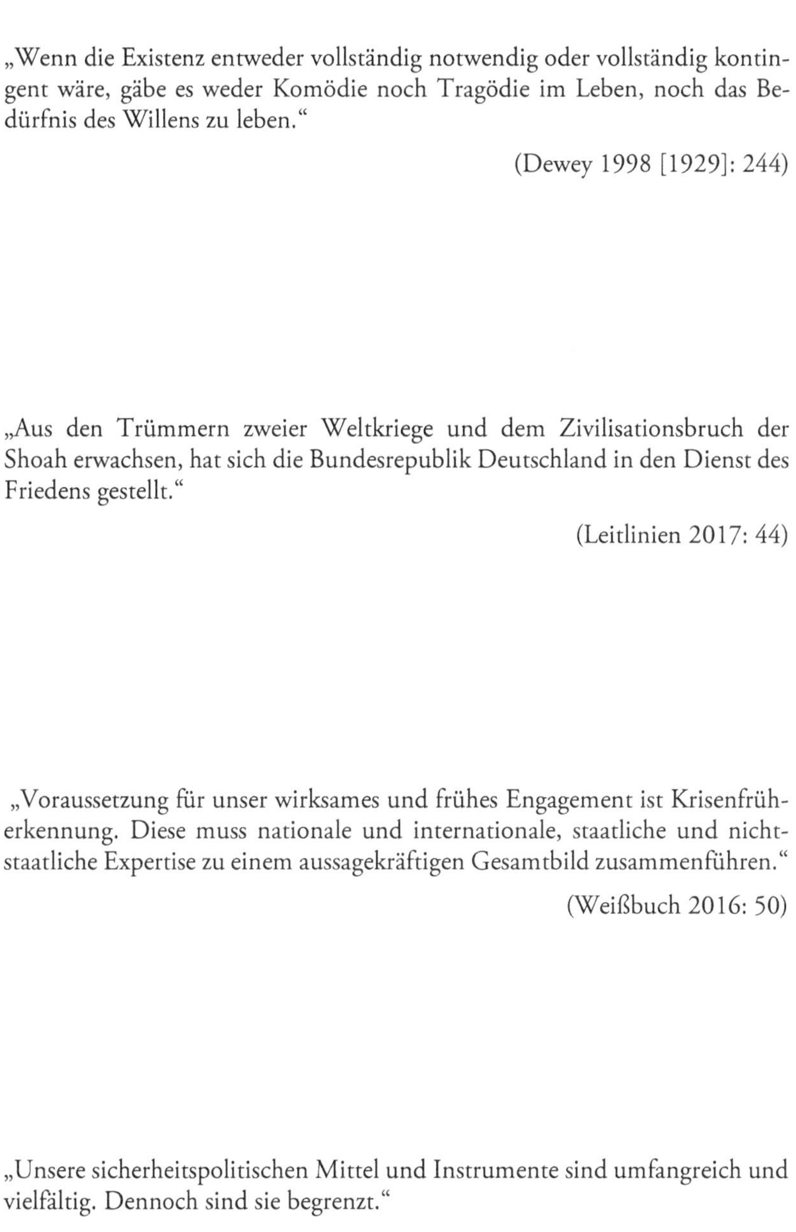

„Wenn die Existenz entweder vollständig notwendig oder vollständig kontingent wäre, gäbe es weder Komödie noch Tragödie im Leben, noch das Bedürfnis des Willens zu leben."

(Dewey 1998 [1929]: 244)

„Aus den Trümmern zweier Weltkriege und dem Zivilisationsbruch der Shoah erwachsen, hat sich die Bundesrepublik Deutschland in den Dienst des Friedens gestellt."

(Leitlinien 2017: 44)

„Voraussetzung für unser wirksames und frühes Engagement ist Krisenfrüherkennung. Diese muss nationale und internationale, staatliche und nichtstaatliche Expertise zu einem aussagekräftigen Gesamtbild zusammenführen."

(Weißbuch 2016: 50)

„Unsere sicherheitspolitischen Mittel und Instrumente sind umfangreich und vielfältig. Dennoch sind sie begrenzt."

(Weißbuch 2016: 57)

Inhalt

VORWORT VON GUNTHER HELLMANN 9

1 EINLEITUNG 11
1.1 Hinführung: Mängel im Anti-ISIS-Mandat als Ausdruck eines Dilemmas außenpolitischer Entscheidungsfindung? 11
1.2 Problemstellung: Kontingenz als Herausforderung für die Strategiebildung 15
1.3 Forschungsfrage und Aufbau der Studie 24

2 GEGENWÄRTIGE STRATEGISCHE GRUNDLAGENDOKUMENTE IM KONTEXT VON KONTINGENZ 26
2.1 Strategische Grundlagendokumente als Ort der Orientierung 26
2.2 Das Weißbuch der Bundesregierung zur Sicherheits- und Verteidigungspolitik 27
2.3 Die Leitlinien der Bundesregierung als außenpolitisches Grundlagendokument 29

3 ANALYSERAHMEN 32
3.1 Methodologische Besonderheiten bei kontingenzsensibler Forschung 32
3.2 Forschungsleitende Grundannahmen des Pragmatismus 36
3.3 Forschungsstil Grounded Theory 41
3.3.1 Theorieverständnis 41
3.3.2 Leitprinzipien beim praktischen Vorgehen 45
3.3.3 Theoretisches Sampling und Heuristiken des Vergleichs 46
3.3.4 Kodierprozess 48
3.3.5 Umgang mit (kontingenztheoretischem) Vorwissen 52
3.3.6 Ergebnisdarstellung: Die jüngste Erzählung deutscher Außen- und Sicherheitspolitik als *Rahmen-* und *Binnenerzählung* 53

4 RAHMENERZÄHLUNG ‚VERANTWORTUNG ÜBERNEHMEN' ZWISCHEN *WIEDERGUTMACHUNG* UND *BEAUFTRAGUNG* 56
4.1 Narrativ um *Verantwortung übernehmen* als Reaktion auf Bedingungen erhöhter Kontingenz 56
4.2 Begriffsannäherung *Verantwortung übernehmen* 58
4.3 Verantwortung als *Wiedergutmachung* 60
4.3.1 Leitlinien 2017: *Wiedergutmachung* als spezifisch deutsche Kontingenzerfahrung 61
4.3.2 Weißbuch 2016: Eine weniger *wiedergutmachende* Semantik 65
4.4 Verantwortungs*beauftragung* 67
4.4.1 *Verantwortungsbeauftragung* aufgrund von Krisen 68
4.4.2 *Führungsbeauftragung* (europäischer) Partnerstaaten 74
4.5 Zusammenfassende Darstellung der Rahmenerzählung *Verantwortung übernehmen* 80

5 BINNENERZÄHLUNG ‚FRÜH(ER), ENTSCHIEDEN(ER), SUBSTANZIELL(ER)' ZWISCHEN *SICHERHEITSVORSORGE* UND *RESILIENZ, KREATIVITÄT SOWIE DIALOG* . 81

5.1 Semantik um *früh(er), entschieden(er), substanziell(er)* als konkrete Handlungs- und Gestaltungsanweisungen gegenüber Bedingungen erhöhter Kontingenz ... 81

5.2 Begriffsannäherung *früh(er), entschieden(er), substanziell(er)* ... 85

5.3 Sowohl *Sicherheitsvorsorge* als notwendiges, aber unmögliches Sicherheitsversprechen einerseits, ... 87

5.3.1 Begriffsannäherung *Sicherheitsvorsorge* ... 88

5.3.2 Sicherheitsvorsorge als *Sicherheitsversprechen* ... 92

5.3.2.1 Sicherheitsvorsorge als *gesamtstaatliche* Aufgabe ... 92

5.3.2.2 Semantik um *Mess- und Analyseinstrumente* der Krisenfrüherkennung .. 93

5.3.2.3 Semantik um *Expertenwissen* ... 95

5.4 ... als auch *Resilienz, Kreativität und Dialog* als gelebtes Kontingenzbewusstsein andererseits. ... 99

5.4.1 Resilienz, Kreativität und *Dialog* und die Grenzen des Sicherheitsversprechens ... 99

5.4.1.1 Resilienzaufbau als *gesamtgesellschaftliche* Aufgabe ... 99

5.4.1.2 Grenzen rationaler Analyse- und Messinstrumente sowie Semantiken um *Kreativität* ... 106

5.4.1.3 Grenzen von Expertenwissen und Semantiken um *Dialogräume* ... 110

6 RESÜMEE UND PRAKTISCHE MEHRWERTE ... 116

6.1 'In a Nutshell': Kontingenz und Strategiebildung deutscher Außen- und Sicherheitspolitik auf den Punkt gebracht ... 116

6.2 Zentrale Konzepte der Rahmen- und Binnenerzählung ... 116

6.3 Praktische Mehrwerte ... 119

7 FORSCHUNGSPRAKTISCHE REFLEXION ... 122

8 VERZEICHNISSE ... 125

8.1 Abbildungs- und Tabellenverzeichnis ... 125

8.2 Quellenverzeichnis ... 126

Vorwort von Gunther Hellmann

In der vorliegenden Studie geht Jonas Jacholke der Frage nach, wie das nicht einfach zu (be)greifende Problem der Kontingenz im Feld der Außen- und Sicherheitspolitik begrifflich gefasst werden kann. Die Studie fällt dabei in eine Zeit grundlegender gesellschaftlicher Umbruchsprozesse. Dies gilt zumindest hinsichtlich der Veränderungen im sicherheitspolitischen Selbstverständnis der Deutschen. Besonders ersichtlich wurde dies in der jüngsten Vergangenheit an den abgestimmten Reden des früheren Bundespräsidenten Gauck sowie der damaligen Minister Steinmeier und von der Leyen bei der Münchner Sicherheitskonferenz 2014. Bemerkenswert sind diese drei Reden auch im Abstand von mehr als fünf Jahren noch immer, weil sich Einschnitte (wenn auch vielleicht nicht „Zäsuren“) im außen- und sicherheitspolitischen Selbstverständnis selten so eindeutig datieren lassen. Für Bundeskanzlerin Merkel musste (Ende 2016) erst noch ein neuer US-amerikanischer Präsident vom Kaliber Trump hinzukommen, damit auch für sie die „Zeiten, in denen wir uns auf andere völlig verlassen konnten“ zu Ende gingen und es nunmehr dringlich schien, dass „wir Europäer (…) unser Schicksal wirklich in die eigene Hand nehmen.“

Angesichts solcher Veränderungen ist umso erfreulicher, dass sich die vorliegende Studie die Rahmenbedingungen und Zielsetzungen dieser Um- und Neuorientierung deutscher Außen- und Sicherheitspolitik zum Gegenstand gemacht hat. Dabei wirft der Autor für eine ursprünglich als Abschlussarbeit eines „Master“-Studiums vorgesehene Studie eine recht untypische „große“ Frage auf, die als wissenschaftliche Arbeit hinsichtlich der Offenheit gegenüber möglichen Antworten jenes Überraschungspotenzial enthält, die man in Zeiten grundlegender Veränderungen erwarten sollte. Denn im Kontrast zu den geradezu gebetsmühlenhaft irgendeine „IB-Theorie“ „anwendende“ oder „testende“ üblichen Qualifikationsarbeiten in den „Internationalen Beziehungen“, die kaum mehr als die üblichen erwartbaren Ergebnisse produzieren können, werden hier Theorie und Methode im Sinne der „Grounded Theory“ (GT) als integraler Bestandteil einer Vorgehensweise begriffen, die das abstrahierende Reflektionsvermögen so mit dem Gegenstand verknüpft, dass in einem strukturierten Vorgehen eine angemessene, neue Erkenntnishorizonte eröffnende Problembearbeitung überhaupt erst möglich wird. In dieser Hinsicht erweist sich die Arbeit als hochgradig innovativ, da sie nicht nur eine anspruchsvolle theoretische Literatur aus der einschlägigen Fachdiskussion in ihrer Differenziertheit zusammenfassend darzustellen vermag, sondern auch im Sinne eines rekonstruktiven Theorieverständnisses einen eigenständigen Beitrag zur Bildung von Theorie leistet, indem aus einem sorgfältig ausgewählten Material (hier dem sogenannten „Weißbuch 2016“ der Bundeswehr) und vor dem Hintergrund einer konkreten und ergebnisoffenen Problemstellung ein praxisnah fundiertes, aufgrund der außenstehenden Beobachterperspektive des Autors aber zwangsläufig „theoretisches“ Modell zur Bedeutung von Kontingenz in der deutschen Sicherheitspolitik entworfen und zu einer gegenstandsspezifischen Theorie verdichtet wird. Angesichts der stringent strukturierten, höchst eigenständig entwickelten, begrifflichen klaren und detailliert belegten Entfaltung der Argumentation ergibt sich das Ergebnis der Untersuchung fast schon zwingend. Mehr Forschungsarbeiten von dieser Art wären nicht nur eine Bereicherung für eine zusehends ärmer werdenden „Theorie“-Diskussion im Fach der Internationalen Beziehungen, sondern auch eine willkommene Bereicherung der „Praxis“, die Forschungsarbeiten diesen Typs weit mehr zur Kenntnis nimmt, als es manche/r IB-Theoretiker/in wohl vermutet.

Frankfurt am Main, im Juli 2019

Gunther Hellmann

1 Einleitung

1.1 Hinführung: Mängel im Anti-ISIS-Mandat als Ausdruck eines Dilemmas außenpolitischer Entscheidungsfindung?

Dass angesichts zahlreicher gesellschaftlicher Entwicklungs- und Veränderungsprozesse die Maßgabe der Politik nicht zu beneiden ist, verbindliche Entscheidungen zu treffen, zeigt sich auch zunehmend in der deutschen Außenpolitik. So wurde am 20. März 2018 auf Antrag der Bundesregierung das Mandat für den Einsatz der Bundeswehr in der internationalen Anti-ISIS-Koalition[1] (engl.: ‚Operation Inherent Resolve') in Syrien und Irak durch den Deutschen Bundestag mandatiert (vgl. Anti-ISIS-Mandat 2018a).[2] Das Mandat mit dem Titel ‚Einsatz bewaffneter deutscher Streitkräfte zur nachhaltigen Bekämpfung des IS-Terrors und zur umfassenden Stabilisierung Iraks' kann bei der Lektüre durchaus für Überraschung sorgen. Der jüngste Mandatstext weist im Vergleich zu den vorangegangenen Texten seit dem Spätjahr 2014 zwei signifikante Veränderungen auf.

Zum einen sieht das Mandat eine Zusammenlegung der bisher getrennten Mandate für die Einsätze in Syrien und Irak im Rahmen der Anti-IS-Koalition vor. Bisher galt eine mandatierte Trennung der Ausbildungsmission der kurdischen Peshmerga im Nordirak ‚on the ground' und der Aufklärungsmission durch Tornado-Aufklärungsflüge sowie der Radar-Luftüberwachung mittels NATO-AWACS-Flüge[3] und ihrer Luft-Luft-Betankung über den syrischen und irakischen Luftraum. Die Bundesregierung aus CDU/CSU und SPD begründet ihren Schritt zur Zusammenlegung des Mandats mit der Veränderung der militärischen Gemengelage vor Ort. So habe sich ihrer Ansicht zufolge der Kampf gegen ISIS als weitestgehend erfolgreich erwiesen, sodass das autarke Ausbildungsmandat der Peshmerga im Kampf gegen den IS in Nordirak beendet werden kann:

> „Die Bundeswehrmission im Nordirak war erfolgreich, der IS ist dort weitgehend militärisch zurückgedrängt. Die im internationalen Verbund mit unse-

---

1 Das Akronym ISIS (auch bekannt als IS, ISIL oder Daesch) steht für die dschihadistisch-salafistisch agierende Terrormiliz ‚Islamischer Staat im Irak und in Syrien'.

2 Hierbei sei als Begründung für die Wahl des Anti-ISIS-Mandats als Beobachtungsausgangspunkt angemerkt, dass die Bundesregierung die Weiterentwicklung der Stabilisierungsmission durchaus als Lackmustest hinsichtlich ihrer Handlungs- und Strategiefähigkeit wertet (vgl. Koalitionsvertrag 2018: 144-155). Die Bundesregierung signalisiert aus diesem Grund die Bereitschaft, das Engagement fortan auszuweiten: „Es ist unser zentrales Interesse, den politischen Prozess zur Überwindung des syrischen Konflikts in Zusammenarbeit mit den internationalen Partnern mitzugestalten [...]. Wir sind bereit, unser stabilisierendes, humanitäres und entwicklungspolitisches Engagement in beiden Staaten weiter zu intensivieren" (Koalitionsvertrag 2018: 149).

3 Das Akronym AWACS steht für die luftgestützte NATO-Radartechnologie ‚Airborne Warning and Control System'.

ren Partnern im internationalen Ausbildungszentrum in Erbil geleistete Basisausbildung der Peschmerga zum erfolgreichen Kampf gegen den IS, verbunden mit Lieferungen von Ausrüstung und Material, hat wesentlich zum Erfolg gegen den IS in Irak beigetragen. Deshalb können wir das bisherige Ausbildungsmandat im Nordirak auslaufen lassen und beenden" (Anti-ISIS-Mandat 2018a: 7).

Dieser Schritt der Bundesregierung zum Auslaufen des Ausbildungsmandats im Nordirak ist insofern weniger überraschend, als dass er bereits im Koalitionsvertrag angekündigt wurde (vgl. Koalitionsvertrag 2018: 149). Vielmehr aber scheint die Bundesregierung Sorge über die wachsenden politischen Spannungen zwischen der Regionalregierung der Kurden in Erbil im Norden des Landes und der Zentralregierung in Bagdad zu haben. Diese haben sich sichtlich erhärtet, nachdem die Kurden ihre Autonomiebestrebungen in einem Unabhängigkeitsreferendum 2017 kundtaten (vgl. Bundesregierung zum Referendum über kurdischen Staat 2017). Darüber hinaus waren auch die für den 12. Mai 2018 anberaumten Parlamentswahlen in Gesamtirak als destabilisierender Effekt von der Bundesregierung perzipiert worden. Gleichermaßen antizipiert die Bundesregierung die aus ihrer Ansicht „kritische Übergangsphase" (Anti-ISIS-Mandat 2018a: 6) des Staates in ihrer Lageanalyse im Mandatstext:

> „Irak ist in der Region ein Schlüsselland und befindet sich in einer kritischen Übergangsphase. Für Deutschland haben dabei die Stabilität Iraks, die Erhaltung der territorialen Einheit und die Beseitigung von Fluchtursachen Priorität. Die Lage im Land ist durch eine große Volatilität gekennzeichnet. Dies wird auch für die Entwicklung 2018, insbesondere vor der Parlamentswahl in Gesamtirak im Mai und im Verhältnis Bagdad-Erbil, maßgebend sein" (Anti-ISIS-Mandat 2018a: 6).

Auffallend bei der Beschreibung durch die Bundesregierung ist der Aspekt, dass sie mögliche politische Risiken nicht in ihrer Beschreibung konkretisiert. Zwar nennt sie die beiden potenziellen Spannungsträger (Parlamentswahl im Mai 2018 sowie die wachsenden Spannungen zwischen Bagdad und Erbil), bleibt aber in ihrer Darstellung der Handlungskontexte auffallend zurückhaltend. So scheint es, dass nach der Beseitigung des für alle Parteien konsensualen Feindbildes in Gestalt des IS die Suche nach einem neuen Einsatzbereich andauert. Auch wenn die Bundesregierung keine Lösungen für die genannten Probleme gefunden hat, sollte der Mandatstext jedoch das Format repräsentieren, um ein vollständiges Bild der Lage in Irak zu zeichnen. Anhand dessen dürften zukünftige Fortschritte oder Rückschläge strategisch gemessen werden können.

Zum anderen fällt durchaus die zeitliche Begrenzung des Mandats auf nur sieben Monate ins Auge (vgl. Anti-ISIS-Mandat 2018a: 8). Aus den vergangenen vier Anträgen der Bundesregierung zwischen 2014 und 2017 hat sich die turnusmäßige Verlängerung der Einsätze im Rahmen der in Art. 6 des Parlamentsbeteiligungsgesetzes festgehaltenen ‚regelmäßigen Unterrichtungspflicht' (vgl. Parlamentsbeteiligungsgesetz 2006: 2) der Bundesregierung gegenüber dem Bundestag um zwölf Monate routiniert (vgl. dazu Anti-ISIS-Mandat 2014, Anti-ISIS-Mandat 2016, Anti-ISIS-Mandat 2017a).[4] Die Bundesregierung begründet die verkürzte Geltungsdauer – dabei vergleichsweise auffällig knapp ausfallend mit lediglich zwei Sätzen – mit einer kontinuierlichen Beobachtung der Lage, die sich „weiterentwickeln" (Anti-ISIS-Mandat 2018a: 8) würde. Diese bedarf der Bundesregierung zufolge einer frühzeitigen Neubewertung nach sieben Monaten, wie es im Wortlaut des Mandatstextes heißt:

> „Perspektivisch wird sich der Bedarf an Unterstützung bei Maßnahmen zur Stabilisierung vom IS befreiter Gebiete sowie an Fähigkeitsaufbau in Irak weiterentwickeln. Um dem angemessen Rechnung tragen zu können, soll das Mandat zunächst um sieben Monate verlängert werden" (Anti-ISIS-Mandat 2018a: 8).

In der Formulierung des Mandatstextes lassen sich darüber hinaus keine weiteren Indizien finden, ob das Mandat nach Ablauf der siebenmonatigen Geltungsdauer entweder verlängert oder auslaufen wird, noch ob der Auftrag in seiner derzeitigen Form von der Bundesregierung ausgeweitet oder reduziert werden soll. Eine Begründung für die Festlegung auf sieben Monate Laufzeit bleibt die Regierung darüber hinaus ebenfalls schuldig.[5]

Der Mandatstext veranschaulicht, dass sich die Bundesregierung über die Schwierigkeiten der Entscheidungsfindung bewusst ist, da sie die Risiken im Mandatstext kommuniziert – wobei sie dabei im Ungefähren bleibt. Zugleich ist es

---

4 Eine Ausnahme bildet das im Dezember 2017 verabschiedete Mandat (vgl. Anti-ISIS-Mandat 2017b). Aufgrund der nicht abgeschlossenen Regierungsbildung nach der Bundestagswahl im September 2017 wurde das Mandat um nur drei Monate bis zum 31. April 2018 vom Bundestag verlängert, da das Mandat sonst ausgelaufen wäre. Der Mandatstext ist jedoch im Wortlaut identisch mit dem vorherigen Mandat von Januar 2017 und wird hier daher nicht weiter berücksichtigt.

5 Hier sei angemerkt, dass im Oktober 2018 die Fortsetzung des Mandats im Bundestag beschlossen wurde (vgl. Anti-ISIS-Mandat 2018b). Auch das neue Mandat sieht eine Zusammenlegung der bisher getrennten Mandate für die Einsätze in Syrien und Irak vor, weshalb die Erzählung der Bundesregierung hier nicht grundlegend neu rekonstruiert werden müsste. Dabei hat sich die zeitliche Begrenzung des Mandats auf sieben Monate nur insofern verändert, als dass der Mandatstext bei der Luftunterstützung eine Evaluation nach sechs Monate vorsieht, die den Einsatz auf seine Fortsetzung überprüfen soll (vgl. ebd.: 4). Einer zeitlichen Begrenzung des gesamten Mandats wird zwar auf diese Weise im Vergleich zum Vorgängertext entgegenwirkt, aber der hier beschriebene inhärente Mangel zulasten der Handlungs- und Strategiefähigkeit ist letztlich auch im jüngsten Dokument unverkennbar.

indes verwunderlich, dass diese Erkenntnisse offenkundig nicht in den Entscheidungsprozess miteinfließen, da sie stattdessen das Mandat auf sieben Monate zur Neubewertung verkürzt. Dies erweist sich aus strategischer Sicht insofern als problematisch, als dass dies durchaus im Widerspruch mit der von der Bundesregierung artikulierten Sicherstellung der „[a]ußen-, sicherheits- und entwicklungspolitische[n] Handlungs- und Strategiefähigkeit" (Koalitionsvertrag 2018: 144) zu stehen scheint. So merkte u. a. auch der Bundeswehrverband gegenüber dem Mandatstext kritisch an, dass das Vorhaben keinem strategischen Konzept folge, da es an einer Gesamtstrategie fehle (vgl.: Bundeswehrverband 2018).

Es ließe sich durchaus auch davon sprechen, dass sich die Bundesregierung bei ihrer Kommunikation der außenpolitischen Entscheidungsfindung in eine dilemmatische Situation zu bewegen scheint, der sie sich schwerlich entziehen kann. Dabei dürfte sie sich in ihrer gegenwärtigen Situation lediglich für das eine oder andere Übel entscheiden müssen. So scheinen entweder die außenpolitischen Entscheidungen der Bundesregierung durch eine Art ‚Verunsicherung' gekennzeichnet zu sein, wofür beispielhaft die oben skizzierte unscharfe Kommunikation der Risiken und Herausforderungen sowie die Verkürzung der Dauer des Irak-Mandats dienen können. Problematisch bei diesem Vorgehen ist, dass sich ein nicht zu lösendes Spannungsverhältnis mit dem Bekenntnis der Bundesregierung zu einer „neue[n] Kultur der Verantwortung" (Koalitionsvertrag 2018: 142) und dem Bekenntnis, eine langfristige „Strategiefähigkeit" (ebd.: 144) aufzubauen, ergibt.

Dessen ungeachtet könnte die Bundesregierung ihre außenpolitischen Entscheidungen zum Ausbau ihrer Strategiefähigkeit aber auch durch spezifische Handlungsangebote kommunizieren, an denen sich die Bundesregierung messen lassen müsste. Als problematisch zu bewerten wäre bei diesem Vorhaben, dass sich darin die Überzeugung der Bundesregierung lesen ließe, außenpolitische Entscheidungen in komplexen Situationen planen zu können, indem sie zu eindeutigen und alternativlosen Ergebnissen gelangen würde. Fragile Kontexte, wie der Irak und die Region durchaus zu beschreiben wären, bergen allerdings gerade aufgrund ihrer komplexen Gemengelage von „politischer Instabilität, innerstaatlichen Konflikten und regionalen Spannungen" (Koalitionsvertrag 2018: 149) eine hohe Ungewissheit über den Ausgang einer Situation, wie es die Bundesregierung im Koalitionsvertrag selbst festhält. Die Vorhersehbarkeit oder gar umfassende Planbarkeit scheinen aus dieser Perspektive eher illusorisch. Aus diesem Grund darf bestritten werden, ob diese Herangehensweise langfristig Erfolg versprechend ist. Vielmehr dürfte die Legitimität der außenpolitischen Entscheidungen Einbußen erfahren, sollte es zu (unvermeidbaren) Fehlentscheidungen kommen.

1.2 Problemstellung: Kontingenz als Herausforderung für die Strategiebildung

Entscheidungsdilemma der Bundesregierung als Ausdruck einer allgemeinen gesellschaftlichen Komplexitätszunahme

Die oben identifizierte unscharfe Kommunikation im Anti-ISIS-Mandat, die in eine dilemmatische Entscheidungssituation für die Bundesregierung mündet, scheint auf Schwierigkeiten hinzudeuten, denen ein ‚grundsätzlicherer' Charakter innewohnt. Hierbei kann eine kontingenzsensible Perspektive ein Deutungsangebot anbieten, sodass die Wahrnehmung der skizzierten Zwangslage der Bundesregierung besser verstanden werden kann.

So offenbart sich an dem skizzierten Dilemma vordergründig das Problem bei der Entscheidungsfindung der Bundesregierung, dass die im Mandatstext kommunizierten Risiken und Herausforderungen über die Gemengelage vor Ort im Rahmen der Mandatsveränderungen neue Kontingenzen innerhalb der Entscheidungsstrukturen der Bundesregierung evozierten. Es kann zwar einerseits attestiert werden, dass die Risiken und Herausforderungen grundsätzlich erkannt und kommuniziert wurden. Andererseits aber wurden die Risiken und Herausforderungen zugleich auffällig unscharf kommuniziert, da die Bundesregierung fast nahezu im Ungefähren blieb. So lässt sich hier beobachten, dass die Neubewertung der Lage aus Sicht der Bundesregierung offenkundig die entscheidungspolitische Gefahr birgt, dass die Festlegung auf eine eindeutige Handlungsoption als Entscheidung das Risiko nährt, falsch zu liegen und eine Fehlentscheidung zu treffen. Die unscharfe Kommunikation kann demzufolge gewissermaßen als der ‚entscheidungspolitische Ausweg' bezeichnet werden, für den sich Bundesregierung entschieden hat. Die Problematik, die diesem ‚Ausweg' jedoch innewohnt, liegt primär darin begründet, dass keine Entscheidung getroffen wird, auf derer Handlungen oder Handlungsoptionen folgen könnten – es entsteht gewissermaßen Nichthandeln.

Auf einer abstrakteren Ebene skizziert sich das hier dargelegte Problem um eine Situation erhöhter Kontingenz als grundsätzliches Problem für politische Entscheidungsprozesse, die sich wie folgt abstrahieren ließe: Durch die Zunahme an Komplexität im Handlungsumfeld (Stichwort: Veränderung der Gemengelage vor Ort) nehmen zugleich auch die Kontingenzen innerhalb der Entscheidungsmöglichkeiten zu, sodass in der Folge eine eindeutige Entscheidung erschwert wird. Schließlich erwachsen daraus die entscheidungserschwerenden Negativa von Unsicherheit und Ungewissheit der handelnden Akteure. Die skizzierte Zunahme an Unsicherheit unterliegt aus kontingenztheoretischer Sicht der grundsätzlichen Annahme einer fortschreitenden Dynamik der funktionalen Ausdifferenzierung moderner Gesellschaften, die sich in einer allumfassenden gesellschaftlichen Komplexitätszunahme ausdrückt (vgl. unter vielen dazu Geis 2012: 153; vgl. Toens/Willems 2012: 11; vgl. Rüb 2012: 128-130). Demzufolge muss bei der

Betrachtung politischer Entscheidungssituationen grundsätzlich davon ausgegangen werden, dass der „Grad der Vielschichtigkeit, [die] Vernetzung und [die] Folgelastigkeit eines Entscheidungsfeldes" (Wilke 1993: 24) stetig zunehmen.[6]

Zum (unbestimmten) Begriff der Kontingenz

An dieser Stelle soll eine begriffliche Annäherung an das „sperrige Thema" (Knöbl 2012: 65) der Kontingenz versucht werden. Während sich die empirischen Sozialwissenschaften bei der Auseinandersetzung mit der Thematik bis heute eher zurückhalten, haben unlängst in den 1960er-Jahren der Philosoph Hans Blumenberg und der Historiker Reinhart Koselleck festgestellt, dass Kontingenz und ein Bewusstsein dafür als ein „grundlegendes Charakteristikum neuzeitlichen Weltverständnisses und neuzeitlicher Welterfahrung" (Toens/Willems 2012: 11) einen Platz in der wissenschaftlichen Auseinandersetzung haben sollten. Umso erstaunlicher ist es, dass Kontingenz nach wie vor in der Politikwissenschaft wie auch in ihrer Subdisziplin der Internationalen Beziehungen (IB) ein Schattendasein als Desiderat fristet, obwohl die zugrundeliegenden Erfahrungen im Umgang mit Kontingenz sowie die daran anschließenden Fragen der methodischen Umsetzung dieser Aufmerksamkeit bedürfen, da sie allgegenwärtig sind.

So trachtet auch Hans Joas nach einer veränderten Betrachtungsweise des ‚Wie und Was' der Moderne durch die Sozialwissenschaft, da er einen Bruch mit den heute (noch) weithin geltenden „teleologischen und evolutionistischen Denkmustern" (Joas 2012: 36) erkennt. Ihm zufolge können die vereinheitlichenden und deterministischen Ganzheitlichkeitsunterstellungen großer Theorieparadigmen, die nach dem Zweiten Weltkrieg ihren Durchbruch feierten, nicht mehr die Zunahme der individuellen Handlungsmöglichkeiten und die daraus resultierenden Widerfahrnisse in ihrer massenhaften Verbreitung und Steigerung der Moderne abbilden: Durch die drastische Zunahme der Optionen wachsen zugleich auch die Möglichkeiten der Entscheidungen, die sich anhand der heutigen Pluralität sozialen Miteinanders abbildet. Zugleich auch sieht Joas die ‚galoppierenden' technischen Entwicklungen digitaler Kommunikation und die Möglichkeiten individueller Mobilität als Katalysator für die Verbreitung ebenjener Pluralität (vgl. Joas 2012: 33). Die Beobachtungen dieser Zeit, worunter auch die Außen- und Sicherheitspolitikanalyse fällt, müssen als Ergebnis dieser Entwicklungen Joas zufolge die Gegenwart auf eine andere Weise deuten – nämlich als eine Analyse einer

---

6 Dabei verweist der ‚Grad der Vielschichtigkeit' auf das Ausmaß der funktionalen Ausdifferenzierung; die Interdependenz zwischen Teilen sowie Teil und Ganzem wird durch das die ‚Vernetzung' repräsentiert, und die ‚Folgelastigkeit eines Entscheidungsfeldes' meint dabei „Zahl und Gewicht der durch eine bestimmte Entscheidung in Gang gesetzten Kausalketten oder Folgeprozesse innerhalb des in Frage stehenden Sozialsystems" (Wilke 1993: 24). Hier sei zugleich darauf hingewiesen, dass Wilke sich mittels einer systemtheoretischen Terminologie dem Gegenstand der Komplexität genähert hat.

Zeit, die er als das ‚Zeitalter der Kontingenz' betitelt. Dieses neue ‚Zeitalter' für die Sozialwissenschaft ist sich ihrer kontingenten Gegebenheit bewusst und ist vielmehr versucht, eine ‚neue Geschichte' zu erzählen:

> „Das Recht, die Gegenwart als Zeitalter der Kontingenz zu charakterisieren, leite ich von der Wahrnehmung ab, dass heute die Steigerung individueller Handlungsoptionen generell nicht mehr durch eine Deutung im Stil alter geschichtsphilosophischer Meta-Erzählungen verarbeitet werden kann, sondern nur durch eine neue Erzählung, die sich selbst aus kontingenter Gewissheit versteht (Joas 2012: 36).

Dass der Begriff der Kontingenz und die Auseinandersetzung um ihr Verständnis keine gänzlich neuen Phänomene sind, offenbart sich bereits daran, dass bereits die „aristotelische Zufalls- und Handlungskonzeption" (Hoffmann 2012: 53) sich mit Fragen der Kontingenz beschäftigte, die eine prinzipielle Unbestimmtheit des Handelns implizierte. Aussagen über zukünftige Ereignisse in der Gegenwart wurden schon damals als weder falsch noch richtig interpretiert (vgl. Esposito 2012: 42). So erklärt sich auch, weshalb heute die wohl weitreichendste Definition von Kontingenz auf Niklas Luhmann zurückgeht, der sich dabei wiederum auf die Erkenntnisse von Aristoteles stützt (vgl. Geis 2012: 144). Jenes Verständnis soll auch fortan in dieser Studie gelten:

> „Kontingent ist etwas, was weder notwendig ist noch unmöglich ist; was also so, wie es ist [war, sein wird], sein kann, aber auch anders möglich ist. Der Begriff bezeichnet mithin Gegebenes [...] im Hinblick auf mögliches Anderssein; er bezeichnet Gegenstände im Horizont möglicher Abwandlungen" (Luhmann 1975: 171).[7]

---

[7] Zur Kontextualisierung der Begrifflichkeit von Kontingenz sei hier angemerkt, dass es zahlreiche Verständnisse von Kontingenz gibt, die sich in unterschiedlichen Begrifflichkeiten widerspiegeln. So wird Kontingenz als „das Zufällige, das Unbeabsichtigte, das Willkürliche, das Unerwartete, das Beliebige, das Unbestimmte, das Unverfügbare" (Wetz 1998: 30) bezeichnet, oder auch als die „‚systematische Ambivalenz' und ‚historische Varianz des Kontingenten'" (vgl. Makropoulos 1997: 14). Der Begriff der Kontingenz wird darüber hinaus von Luhmann selbst auch als das „Auch-anders-möglich-Sein des Seienden" (Luhmann 1975: 171) umschrieben. In ähnlicher Weise darf auch die Umschreibung von Kontingenz als den „ambivalenten Bereich der Unbestimmtheit und des Möglichen" (Toens/Willems 2012: 11) verstanden sein. Die verschiedenen Beschreibungen veranschaulichen, dass die Thematik um Kontingenz ein breits Begriffsangebot umfasst, deren Grenzen oftmals fließend sind. Dennoch muss hier eine Abgrenzung zum Begriff des ‚Zufälligen' gemacht werden, was fälschlicherweise immer wieder zu beobachten ist, wie auch Hans Joas feststellt (vgl. Joas 2012: 33). Denn eine ‚Theorie des Zufälligen', so erkennt Joas treffend, dürfte aufgrund seiner grundsätzlichen Unplausibilität schlicht und ergreifend nicht „erkenntnisfördernd" (ebd.) sein. Die These müsste dann stets lauten, dass alles Beobachtete zwangsläufig zufällig sei. Wenn die Handlungsmöglichkeiten grundsätzlich immer zufällig sein würden, bedürften sie auch keiner Analyse, da das Ergebnis

Der Zugang zur näheren Bestimmung des Begriffs der Kontingenz soll hier über die beiden Substantive *Notwendigkeit* und *Unmöglichkeit* der zitierten Textstelle gefunden werden, die zugleich auch für den Titel der vorliegenden Studie verantwortlich zeichnen. Zunächst sei die Auffälligkeit festgehalten, dass Luhmann mit den beiden Substantiven auf zwei verschiedene Negationen begründet: Für ihn ist kontingent, „was weder notwendig ist noch unmöglich ist“ (ebd.). Die Negation von *Unmöglichkeit* kann dabei verstanden sein als etwas, das nicht ausgeschlossen werden kann, da es auch immer möglich ist: nämlich als „das, was nicht unmöglich ist, […] [aber] an sich möglich [ist], also [sein] kann“ (Esposito 2012: 40). Die Negation von ‚Notwendigkeit‘ ergibt demgegenüber erneut „das Mögliche […], aber hier im ‚abgeschwächten‘ Sinne einer niedrigeren logischen Strenge“ (ebd.), da „das Mögliche auch nicht sein [kann]“ (ebd.). Das Mögliche kann demzufolge nicht unmöglich sein, da es auch anders denkbar ist. Durch die Kombination beider Negationen der Substantive ergibt sich schließlich ein wesentliches Merkmal des Kontingenzbegriffs: die inhärente Unbestimmtheit – denn wenn „was [einerseits] sein kann, aber [andererseits] auch nicht sein kann“ (ebd.), bleibt ein Rest an Bestimmtheit auch immer aus. Daran zeigt sich der ambivalente Charakter des Kontingenzbegriffs, dem eine eindeutige Bestimmung nicht möglich erscheint:

> „Jede eindeutige Bestimmung aufgrund einer der beiden Negationen [x kann] impliziert notwendigerweise den Verweis auch auf die andere Negation [x kann nicht] und beinhaltet deshalb auch eine Komponente von Unbestimmtheit“ (Esposito 2012: 40).

Aufgrund des nicht zu lösenden ‚Rests an Unbestimmtheit‘ auf der Ebene der Interpretation wird Kontingenz hier letztlich verstanden als ‚das‘, „was ist, aber unter dem Gesichtspunkt seines möglichen Nicht-Seins *und* der Möglichkeit, anders zu sein“ (vgl. ebd.: 41; Hervorhebung aus dem Original).

Implikationen von Kontingenz für die deutsche Außen- und Sicherheitspolitik

Obwohl bereits die Bestimmung des Kontingenzbegriffs selbst Schwierigkeiten aufwirft, ist doch die Thematik um Kontingenz in der Politik allumgebend, da sie

---

aufgrund seiner ihr inhärenten Monokausalität immer dasselbe wäre: Zufall. Das Missverständnis über die semantische Gleichsetzung rührt Joas zufolge daher, dass sowohl der Begriff der ‚Kontingenz‘ als auch der Begriff des ‚Zufalls‘ oftmals als Gegenbegriff zur ‚Notwendigkeit‘ genutzt wird. Um ‚Kontingenz‘ vom Begriff des ‚Zufalls‘ abzugrenzen, soll der Kontingenz-Begriff im pragmatistischen Lichte dieser Arbeit in aller erster Linie für die Zunahme individueller Handlungsmöglichkeiten sensibilisieren, die „neue Formen und Anforderungen sozialen Lebens“ (Joas 2012: 34) ergeben.

hier besonders deutlich zutage tritt. So kann das Verhältnis von Politik und Kontingenz über Friedbert W. Rüb und dabei Machiavelli folgend grundsätzlich verstanden werden, als „zeitorientierte Reaktion auf Kontingenz" (Rüb 2012: 124). Ähnlich beschreibt Elena Esposito und dabei Luhmann folgend die Grundlage demokratischen Regierens als permanente Verwaltung von Kontingenz, die sich in einem Prozess der ständigen Öffnung und Schließung der Kontingenz durch politische Entscheidungen artikuliert (vgl. Esposito 2012: 46). Die zentrale Voraussetzung moderner demokratischer Politik ist Esposito zufolge dabei zugleich die „vollzogene Positivierung des Rechts" (ebd.), da dies die „normative[...] Basis der kollektiv bindenden Entscheidungen" (ebd.) darstellt.

Diese Implikationen gelten nicht nur für die Politik im Allgemeinen, sondern auch für spezifische Politikfelder wie die der deutschen Außen- und Sicherheitspolitik. Dementsprechend dürfen auch die Normen, Gesetze, Regeln und Leitlinien der deutschen Außen- und Sicherheitspolitik als kontingent bezeichnet werden, da sie jederzeit auch anders denkbar sind. Sie könnten eine gänzlich andere Ausprägung aufweisen, da sie letztlich auf (meist demokratisch ausgehandelten) politischen Entscheidungen basieren, die nicht zwingend hätten so getroffen werden müssen, wie sie getroffen wurden. Sie sind letztlich, wie es Daniel Jacobi und Gunther Hellmann formulieren, „ein stets temporär verstandenes Denken in sicherheitspolitischen Alternativen und Möglichkeitsräumen" (Jacobi/Hellmann 2018). Dieser Umstand offenbart sich bereits daran, dass die deutsche Außenpolitik ‚früher' eine andere Gestalt annahm und auch zukünftig nicht zwingend die Ausprägung hat, die sie ‚gegenwärtig' angenommen hat. Dass die Kontingenz politischer Entscheidungen dabei indes nicht beliebig ist und gleichzeitig eine hohe Legitimation aufweist, zeigt sich daran, dass die Normen, Gesetze, Regeln und Leitlinien (weitestgehend) befolgt und eingehalten werden, obwohl sie prinzipiell anders denkbar sind, da sie zu keiner Zeit notwendig sind (vgl. Esposito 2012: 46). Demnach konstruiert aus einer kontingenzsensiblen Perspektive die deutsche Außen- und Sicherheitspolitik „[a]lles in allem [...] eine gesellschaftliche Gesamtordnung [...], die ein stabiles Muster ausbildet, zugleich aber immer auch anders denkbar ist" (Rüb 2012: 122). Letztlich beruht die Grundlage der Außen- und Sicherheitspolitik mithin auf kontingenten Normen, Gesetzen, Regeln und Leitlinien, die in ihrer Ausprägung niemals notwendig sein können, da sie auch anders denkbar wären:

> „In der Demokratie ist es immer möglich, auf die getroffenen Entscheidungen zurückzukommen und anders zu entscheiden: weil die Opposition zur Regierung wird, weil neue Werte und Interessen in den Entscheidungsprozess eintreten oder einfach weil die Verantwortung für die Entscheidungen diffus, also immer beweglich und relativ flexibel ist" (Esposito 2012: 46).

Umgang von Kontingenz mittels *virtù* und die Rolle von Nichtwissen

Mit den gesammelten Erkenntnissen eines Kontingenzverständnisses und den ihr inhärenten Implikationen für das Politikfeld der deutschen Außen- und Sicherheitspolitik stellt sich nun die Frage, wie ein Umgang mit Kontingenz gestaltet werden kann. Ein Blick in die politische Ideengeschichte liefert dafür interessante Anreize. So sah Machiavelli ein grundsätzliches Problem für den ‚Fürsten'[8] darin begründet, wie seine Herrschaft in einem schwierig kontrollierbaren Raum umgesetzt werden kann, der eine nicht vorherzusehenden sozialen und politischen Dynamik unterliegt – so bspw. ein kürzlich erobertes Gebiet (vgl. Rüb 2012: 122). Machiavelli zufolge entstehen unweigerlich soziale und politische Spannungen bei dem Übergang von einer alten in eine neue Ordnung, da die neue Ordnung des Fürsten von der hiesigen Bevölkerung nicht als ‚naturgegeben' oder ‚im Sinne Gottes' verstanden wird, sondern vielmehr „etwas Künstliches [ist], dessen Aufbau vollkommen in den Willen des freischwebenden Individuums gesetzt ist" (König 1979: 96). Aus den Situationen des Umbruchs heraus entsteht für den Fürsten das Problem, dass die Entscheidungen für ihn situativer werden, sodass die Tragweite und Konsequenz seines Handelns schwieriger abzuschätzen sind; kurz: Sein Handlungsumfeld wird unberechenbarer. Ebenjene überraschende und nicht absehbare Unbestimmtheit, die sich der politischen Kontrolle durch den Fürsten entzieht, hat Machiavelli als *fortuna* bezeichnet – im Gegensatz zur *necessità*, die eher für Situationen relativer Stabilität und Bestimmtheit politischer Handlungsumfelder steht (vgl. Rüb 2012: 123). Herfried Münkler fasst *fortuna* treffenderweise als eine Situation zusammen, die

> „weder berechenbare Kausalität noch erkennbare Finalität aufzuweisen vermag. Fortuna wird hier für all jene Ereignisse verantwortlich gemacht, die entgegen allen rationalen Kalkülen und Erwartungen eingetreten sind" (Münkler 1984: 302).

Neben der Darstellung der Charakteristika von *fortuna* arbeitete Machiavelli zugleich auch heraus, wie die Politik mit ihr umgehen könnte. Ihm zufolge könne der Umgang mit ihr auf zwei Weisen erfolgen: Zum einen können politische Akteure mit *virtù* handeln, indem sie durch ihr aktives Handeln einen positiven Umgang mit ihr herstellen. Zum anderen aber auch können die politischen Akteure mit *fortuna* gewissermaßen ‚sträflich' umgehen, indem sie ihr eher passiv, d. h. zögernd und unentschlossen, entgegentreten. Bei Letzterem nehmen das Unbestimmte und das Unerwartete der *fortuna* Oberhand und dominieren in der Folge

---

8 Das Vokabular Machiavellis um ‚Herrscher' oder ‚Fürsten' soll hier synonym verstanden werden mit politischen Entscheidungen und Entscheidern moderner demokratischer Regierungssysteme wie in dieser Studie die Bundesregierung.

die politischen Akteure. Daraus resultiert die Gefahr, zu einem „Spielball der Kontingenzen" (Rüb 2012: 124) zu werden.

Um diese Situation zu verhindern, d. h., stattdessen mit *virtù* zu handeln, besteht die Voraussetzung, ein Bewusstsein für *fortuna* zu haben und mit ihr in Interaktion zu treten. Allein dann, wenn die Politik sich auf *fortuna* einlässt, kann sie Möglichkeiten sehen und nutzen, um aktiv zu werden – also letztlich politisch zu handeln. Dafür ist es allerdings unabdingbar, sich zu einem Teil auf das Unkalkulierbare und Unbestimmte der *fortuna* einzulassen und mit ihr spielerisch sowie kreativ umzugehen, da *fortuna* „Gelegenheiten, Chancen und überraschende Momente bietet, die man ausnutzen oder verpassen kann" (Rüb 2012: 124). Der spielerische Umgang mit *fortuna* setzt indessen voraus, sich von der Überzeugung zu lösen, sie rational kontrollierbar zu machen oder gar zu bewältigen:

> „Nur wenn man sich auf das Unkalkulierbare und Irrationale einlässt, mit ihm spielt, kann man Möglichkeiten sehen und ausnutzen; rationale Kalkulation muss wegen des irrationalen Charakters von *fortuna* fehlschlagen" (Rüb 2012: 124; Hervorhebungen aus dem Original).

Die Erkenntnisse und das Vokabular Machiavellis im Umgang mit *fortuna* versinnbildlichen gleichsam die Probleme gegenwärtiger deutscher Außenpolitik, die im eingangs skizzierten Anti-ISIS-Mandat ihren Ausdruck in den Unsicherheiten der Bundesregierung finden.

Verschärfend kommt hinzu, dass das „Rationalitätsversprechen des modernen Staates weiterhin die normative Geschäftsgrundlage des politischen Betriebs" (Geis 2012: 144) bildet, obwohl es, wie gezeigt, aus einer kontingenzsensiblen Perspektive eine „skeptische Sicht auf die Chancen einer rational begründbaren Politik" (Greven 2000: 159-164) vonnöten ist. Politik kann lediglich eine „zeitorientierte Reaktion auf Kontingenz" (Rüb 2012: 124) sein, die durch das „Unkalkulierbare und Irrationale" (ebd.) der Dynamik der funktionalen Differenzierung angetrieben wird. Die Verflechtungen zwischen Organisationen, Institutionen und Systemen führen letztlich dazu, dass sich hochkomplexe Dynamiken herausbilden, deren Steuerung mittels rationaler und kausaler Ansätze illusorisch erscheint (vgl. ebd.).

Der Glaube an Rationalität bei gleichzeitiger Verdrängung kontingenter Handlungsalternativen lässt sich u. a. darauf zurückführen, dass Kontingenz als etwas ‚Problematisches' im gegenwärtigen Politikbetrieb wahrgenommen wird. Dahinter verbirgt sich u. a. die weitverbreitete Annahme in der Gesamtgesellschaft im Allgemeinen, aber in der Politik im Besonderen, dass Kontingenz verursachend für „akute Orientierungslosigkeit und bodenlose Unsicherheit" (Makropoulos 1997: 29) ist. Im Gegensatz dazu werden positive Möglichkeiten wie der „Zugewinn an menschlicher Freiheit und Autonomie“ (Geis 2012: 144), die eine kontingenzsensible Betrachtungsweise auch mitbringen könnte, meist in ihrer Gänze ausgeblendet. So sieht Matthias Wefer aus einer postheroischen Perspektive das zentrale Paradox im Umgang mit Kontingenz in Folgendem begründet: Je ausgeprägter das Bewusstsein für Kontingenz in der Gesellschaft ist (Stichwort: gesellschaftliche Umbruchphasen), desto weniger kontingent darf sich Politik auch geben (vgl. Wefer 2004: 221). Ein bedeutender Teil demokratischen Regierens sei es, in Situationen hoher Kontingenz Orientierung zu stiften, statt einen spielerischen Umgang mittels *virtù* vorzuziehen. Gerade die Entscheidungsträger demokratischer Regierungen haben ein dezidiertes Interesse daran, dass ihre Entscheidungen positiv von der *Wahl*bevölkerung aufgenommen werden:

> „Kontingenz wird zum bedrohlichen Anderen einer ‚heroischen‘ Politik, in der Vertrauen und Legitimität aus der Fiktion der Eindeutigkeit und Alternativlosigkeit resultieren“ (Toens/Willems 2012: 12).

Die Orientierung an einer (vermeintlich) rationalen Politik sowie die Möglichkeiten ihrer Steigerung beruht dabei auf der Grundlage, mehr Wissen anzusammeln. Es wird buchstäblich versucht, mehr Licht (Wissen) ins Dunkel (Kontingenz) zu bringen, mit dem Ziel, den ‚Raum‘ vollständig ‚auszuleuchten‘. Dabei wird den eigenen Beobachtungsmöglichkeiten eine ganzheitliche Leistung eingestanden, die über die Fähigkeiten jedweder menschlicher Wahrnehmungen hinausgehen müssen. Zudem verbirgt sich gerade in der Unternehmung der ganzheitlichen Wissensanhäufung eine paradoxe Situation, die letztlich ihr Gegenteiliges bewirkt: die Zunahme von Kontingenz. Anna Geis fasst dieses Paradox wie folgt zusammen:

> „Allerdings können auch die raffiniertesten Verfahren der Wissensproduktion letztlich das zentrale Paradox der Wissensgesellschaft nicht aufheben: dass mit dem Wissen stetig auch das Nichtwissen wächst. Daraus entstehen zahlreiche Dilemmata für die Politik, da auch die Mechanismen der Kontingenzbewältigung doch wieder zur Steigerung von Kontingenz führen […]“ (Geis 2012: 145).

Die beschriebene Paradoxie ist insofern bei der Bearbeitung von Kontingenz eine folgenschwere, als dass jeglicher Versuch mit dem Ziel sie zu verringern, sie stattdessen steigert (vgl. Geis 2012: 154). Für jede Entscheidungssituation der Politik bedeutet dies daher, dass sie „unhintergehbar durch Kontingenz, Komplexität und Nichtwissen“ (ebd.) gekennzeichnet ist. Eine Konsequenz für die Politik besteht darin, dass die zunehmende Ungewissheit durch Nichtwissen, Unsicherheit und Unkalkulierbarkeit einer Entscheidung wächst, bei einem gleichzeitig anhaltenden Zwang, sich entscheiden zu müssen. So dürfte eigentlich eine Entscheidung unter kontingenten Bedingungen, die stets die Gefahr birgt, weitreichende und nicht absehbare Folgen zu haben, nicht getroffen werden. Da Nichtentscheiden aus Sicht der Politik aber nicht möglich ist, gewinnt das Nichtwissen hier drastisch an Bedeutung für den Entscheidungsprozess: Dass Nichtwissen wird, wie es Nico Stehr ironischerweise mit einem bewusst rationalistischen Vokabular ausdrückt, zur „ausschlaggebenden Variable“ (Stehr 2003: 272).

Gleichwohl birgt eine Gewissheit von Kontingenz für Entscheider auch Risiken. So darf als ein weiteres Problem im Umgang mit Kontingenz festgehalten werden, dass paradoxerweise ein Bewusstsein für Kontingenz, das Nichtentscheidungen der Politik entgegenwirken soll, das Risiko von Nichtentscheidungen auch nähren kann. Aus einem Bewusstsein für Kontingenz, was an dieser Stelle als das Wissen über ein stetig wachsendes Nichtwissen übersetzt werden kann, kann unter Umständen die Befürchtung wachsen, dass Entscheidungen, die in der Gegenwart getroffen werden, künftig bereut werden können (vgl. Esposito 2012: 47). Folgerichtig muss die zentrale Aufgabe der Politik sein, Formen der Kommunikation zu finden, die einerseits Kontingenz bindet und andererseits auch zulässt. Nur so können Möglichkeiten für künftige Änderungen offengehalten werden, um bereits getroffene Entscheidungen korrigieren zu können. Folglich kann als eine Erkenntnis an dieser Stelle zusammenfassend festgehalten werden,

> „dass man es schon heute weiß, […] dass es keine Normen gibt, die demjenigen, der sie befolgt, versichern, später nicht getadelt zu werden, weil man erst nach der Entscheidung weiß, wie die Welt ist, in der die Entscheidung beurteilt wird: Die Möglichkeiten werden von der Entscheidung produziert, die sie kontrollieren soll“ (Esposito 2012: 47).

Diese Ungewissheit, die sich in ihrer Konsequenz auch nicht in den binären Kategorien von ‚richtig/falsch‘ greifen lässt, verdeutlicht erneut das zentrale Charakteristikum von Kontingenz: die Unbestimmtheit des Kontingenzbegriffs mit ihrer doppelten Negation der Substantive ‚Notwendigkeit‘ und ‚Unmöglichkeit‘, da „jedes ‚es kann‘ ein ‚es kann nicht‘ und vor allem ein ‚es kann anders‘ impliziert, und diese Andersheit unbekannt bleibt, solange man nicht etwas tut“ (Esposito 2012: 47). Eine Implikation für das weitere Vorgehen, die bei dieser unbestimmten Bestimmung von Kontingenz mitschwingt, bildet die Abkehr vom Gedanken einer Beschränkung binärer Modalitäten hin zu höherwertigen Denk- und Bezeichnungspraxen (vgl. Esposito 2012: 41). Wenn unter einer einwertigen Beobachtungslogik lediglich das beobachtet wird, ‚was ist‘, kann unter einer kontingenzsensiblen Prämisse noch kein Wissen darüber erlangt werden, was und wie sonst noch (oder nicht) möglich wäre (vgl. ebd.: 41).

Vor diesem paradoxalen Hintergrund scheint für die Politik im Umgang mit Kontingenz ein *Bewusstsein* dafür nötig, dass einerseits das Nichtwissen und die begrenzten Handlungsmöglichkeiten sensibilisiert und zunehmend auch kommuniziert werden. Ansonsten droht für die Politik die Gefahr eines dauerhaften Vertrauensverlusts, da die Fehlentscheidungen ein Gefühl der permanenten Enttäuschung in der Gesellschaft evozieren könnten (vgl. Geis 2012: 156). Gerade Demokratien leben vom Vertrauen, das die Mitglieder eines Gemeinwesens den politischen Entscheidungen schenken. Wenn sich demgegenüber allerdings utopische Erwartungshaltungen verbreiten, können sie über kurz oder lang das gesamte demokratische System – auch fernab der Außen- und Sicherheitspolitik – erodieren lassen. Eine Möglichkeit für die Politik besteht stattdessen darin, sich mit dem Bewusstsein einer latenten „kognitiven Ungewissheit" (ebd.: 154) neben der Frage vom ‚Wissen über was' auch zunehmend die Frage vom ‚*Nicht*wissen über was' aufzuwerfen. Die Fragestellung verschiebt sich bei diesem Umdenkprozess gewissermaßen von einem ‚Was kann ich wissen?' in die Richtung zu einem ‚Was kann ich *nicht* wissen?'.

Dessen ungeachtet gilt zugleich die Frage von Anna Geis zu beachten, wie viel Kontingenzbewusstsein nötig ist, bevor eine Gesellschaft in einem Zustand der Anomie und Angst endet (vgl. Geis 2012: 155). Hier ist es Aufgabe der Politik, einen Weg zu finden, das zu verhindern. So spricht Anna Geis von der Entwicklung eines „Möglichkeitsbewusstseins" (ebd.: 144) durch Kontingenz, das den Zugewinn an „menschlicher Freiheit und Autonomie" (ebd.) betont. Dieses impliziere zugleich aber auch wiederum ein Bewusstsein darüber, „dass die ‚Verhältnisse' nicht Schicksal sind, dass – im Rahmen der jeweiligen Denkmöglichkeiten einer Zeit – alles virtuell veränderbar ist, dass selbst für ‚natürlich' gehaltene Werte oder universalistische Normen zur Disposition stehen können" (vgl. Greven 2007: 14-17, zit. nach Geis 2012: 153). Dieses Bewusstsein über Kontingenz gilt es fortan von den Entscheidungsträgern deutscher Außen- und Sicherheitspolitik stärker zu kommunizieren, ohne dabei jedoch die Bevölkerung zu verunsichern.

So lässt sich zusammenfassend konstatieren, dass das Ziel der Bundesregierung nicht sein sollte, in ihrer Entscheidungsfindung Kontingenz zu unterdrücken und sich für Nichthandeln zu entscheiden. Stattdessen sollte sie mit den Kontingenzen offen umgehen und ihre Erfahrungen, die sie dabei sammelt, kommunizieren. Wenn der Umgang mit Kontingenz als die Einschränkung des Risikos, enttäuscht zu werden, verstanden wird, da das Risiko der Enttäuschung durch Ungewissheiten entsteht, müssen die Ungewissheiten kommuniziert werden, da sie sonst, wie gezeigt, im Umkehrschluss größere Enttäuschung evozieren können.

1.3 Forschungsfrage und Aufbau der Studie

Basierend auf den in der Problemstellung skizzierten Herausforderungen im Umgang der deutschen Außen- und Sicherheitspolitik mit Kontingenz lautet die Forschungsfrage wie folgt:

> Wie gestaltet sich der Umgang mit Kontingenz in den gegenwärtigen strategischen Grundlagendokumenten der Außen- und Sicherheitspolitik der Bundesrepublik Deutschland?

Zur Beantwortung dieser Forschungsfrage sollen einerseits die kontingenztheoretischen Erkenntnisse über das paradoxale Verhältnis von Wissen und Nichtwissen die Forschung anleiten. Dabei ist für die Entscheidungsfindung das Nichtwissen als „ausschlaggebende Variable" (Stehr 2003: 272) zentral, sodass untersucht werden soll, ob Spuren eines Bewusstseins über eine latente „kognitive Ungewissheit" (Geis 2012: 154) im Umgang mit Kontingenz aufzuspüren sind. Andererseits soll zugleich der Frage nachgegangen werden, ob sich in den strategischen Grundlagendokumenten ein Art „Möglichkeitsbewusstsein" (Geis 2012: 144) rekonstruieren lässt, das den Zugewinn an entscheidungspolitischer „Freiheit und Autonomie" (ebd.) betont. Hier ist nach einem spielerischen Umgang mit Kontingenz gefragt (Stichwort: *virtù*), der sich auf das Unkalkulierbare und Irrationale der Kontingenz einlässt, um Gelegenheiten, Chancen und überraschende Momente zu nutzen (vgl. Rüb 2012: 124).

Das Ziel dieser Studie soll sein, die Überzeugungen und Vorstellungen der deutschen Außen- und Sicherheitspolitik im Umgang mit Kontingenz zu rekonstruieren. Dafür dienen die jüngsten strategischen Grundlagendokumente als Repräsentanten der gegenwärtigen deutschen Außen- und Sicherheitspolitik, die im folgenden Kapitel beleuchtet werden.

2 Gegenwärtige Strategische Grundlagendokumente im Kontext von Kontingenz

2.1 Strategische Grundlagendokumente als Ort der Orientierung

Für das weitere Vorgehen ist zunächst zu klären, welches Verständnis von ‚strategischen Grundlagendokumenten' in dieser Abhandlung grundsätzlich vorliegt und was dabei ihre zentralen Charakteristika unter der Prämisse von Kontingenz ausmacht, um in einem nächsten Schritt die beiden zentralen strategischen Grundlagendokumente der deutschen Außen- und Sicherheitspolitik vorzustellen.

So ist grundsätzlich festzuhalten, dass unter kontingenzsensiblen Prämissen eine vollumfängliche Planung bzw. Steuerung von Außen- und Sicherheitspolitik illusorisch erscheint, da sich doch gerade die Proklamation von Eindeutigkeit und Alternativlosigkeit in einem sich ständig verändernden Handlungskontext als Fiktion entpuppen muss.[9] Doch scheinen gerade weite Teile der wissenschaftlichen und politischen ‚Community' deutscher Strategielehre und -debatte von einer Allheillösung etwaiger Dokumente auszugehen, die sich in einem essentialistischen Kern wiederfinden ließe (Stichwort: „*Wesenskern* deutscher und europäischer Sicherheit" [Terhalle 2018; Hervorhebung vom Autor]). Aus diesem Grund muss hier ein kontingenzsensibles Verständnis von Strategie und ihren Dokumenten gefunden werden. So kann als ein Vorstoß in diese Richtung die Arbeit von Daniel Jacobi und Gunther Hellmann angeführt werden. Diese interpretieren etwaige Dokumente der Bundesregierung als ‚lediglich' schriftlich fixierte, „mit einem spezifischen Zeitstempel versehene Betrachtungsweisen" (Jacobi/Hellmann 2018: 2), die keine Allgemeingültigkeit für die gegenwärtigen Probleme der Politik besitzen. Die Grundlagendokumente können damit nicht den Anspruch erfüllen, als zeitlose Folie für Entscheidungen politischen Handelns im „Hier und Jetzt" (ebd.) zu fungieren, da „Raum und Zeit den jeweiligen politischen Kontingenzen unterworfen sind" (ebd.). Vielmehr sollen in der vorliegenden Studie strategische Grundlagendokumente als eine temporäre „Fixierungsform von Strategie" (ebd.) verstanden sein, denen Handlungen und Entscheidungen der Gegenwart „vorübergehende Orientierung" (ebd.) liefern sollen:

> „Die Kernthese lautet, dass der Entstehungsprozess und Lebenszyklus eines Weißbuches – verstanden als *eine* Fixierungsform von Strategie – nicht in der eisernen Gussform von Zwecken, Mitteln und Zielen, sondern als ein stets temporär verstandenes Denken in sicherheitspolitischen Alternativen und

---

9 Richard K. Betts hat bereits im Jahr 2000 zehn Kritikpunkte entworfen, die die Praktikabilität von außen- und sicherheitspolitischer Strategiebildung grundsätzlich infrage stellen (vgl. Betts 2000).

Möglichkeitsräumen begriffen werden sollte“ (ebd.; Hervorhebung aus dem Original).

Für das weitere Vorgehen bedeutet dieses Verständnis, dass die strategischen Grundlagendokumente keineswegs die kontingenten politischen Entscheidungen des ‚Hier und Jetzt‘ beantworten können, sondern ihnen ‚nur‘ vorübergehende Orientierung geben können. Tagespolitische Entscheidungen sind den strategischen Grundlagendokumenten zeitlich nachgeordnet, sodass diese zwingend einen Wissensvorsprung aufgrund der ‚inzwischen‘ vergangenen Zeit haben. Dieser Umstand stellt diverse institutionelle und politische Herausforderungen für die Strategiebildung der Bundesrepublik dar (vgl. ebd.).

Doch welche strategischen Grundlagendokumente kommen für die Untersuchung überhaupt infrage, um die gegenwärtige Außen- und Sicherheitspolitik der Bundesrepublik zu analysieren? Da Deutschland jedoch nicht ‚die eine‘ politikfeldübergreifende nationale Sicherheitsstrategie im Vergleich zu seinen europäischen Partnern oder den USA hat, die hier untersucht werden könnte (vgl. Giegerich/Jonas 2012), müssen die politikfeldspezifischen strategischen Grundlagendokumente der Außen- und Sicherheitspolitik untersucht werden. Dafür kommen zwei für die Analyse signifikante Dokumente infrage. Diese dürfen gewissermaßen verstanden sein als das schriftlich fixierte Abbild gegenwärtiger Außen- und Sicherheitspolitik der Bundesrepublik Deutschland, die dem Handeln der Bundesregierung die ‚vorübergehende Orientierung‘ liefern sollen. Dies ist zum einen das ‚Weißbuch zur Sicherheitspolitik und zur Zukunft der Bundeswehr‘ von 2016 (vgl. Weißbuch 2016), das eher dem sicherheits- und verteidigungspolitischen Politikfeld mit einer militärischen Komponente zuzuordnen ist. Zum anderen sind die ‚Leitlinien der Bundesregierung: Krisen verhindern, Konflikte bewältigen, Frieden fördern‘ von 2017 (vgl. Leitlinien 2017) zu nennen, die eher dem außenpolitischen Politikfeld mit einer zivilen Komponente zuzuordnen sind. Diese werden im Folgenden ausführlicher veranschaulicht.[10]

2.2 Das Weißbuch der Bundesregierung zur Sicherheits- und Verteidigungspolitik

Als erster Fluchtpunkt der Untersuchung dient das ‚Weißbuch zur Sicherheitspolitik und zur Zukunft der Bundeswehr‘ von 2016 (vgl. Weißbuch 2016). Das

---

10 Zudem wäre denkbar, auch den ‚Entwicklungspolitische[n] Bericht der Bundesregierung: Entwicklungspolitik als Zukunfts- und Friedenspolitik‘ (vgl. Entwicklungspolitischer Bericht 2017) des Bundesministeriums für wirtschaftliche Zusammenarbeit und Entwicklung (BMZ) von 2017 zu untersuchen. Da sich der Bericht jedoch im Kern mit Entwicklungspolitik beschäftigt, diese Studie aber demgegenüber zum Gegenstand hat, die Politikfelder der Außen- und Sicherheitspolitik zu rekonstruieren, weicht das Dokument inhaltlich zu weit von der Themensetzung der vorliegenden Studie ab.

jüngste Weißbuch ist das elfte Dokument, das die Bundesregierung unter Federführung des Bundesministeriums der Verteidigung (BMVg) seit 1969 vorgelegt hat. Der Vorgänger erschien zehn Jahre vorher im Jahr 2006 unter Verteidigungsminister Franz Josef Jung von der CDU. Die Frage, was ein Weißbuch ist, welche Aufgaben es erfüllt und welche Position es innerhalb der sicherheits- und verteidigungspolitischen Politikfeldhierarchie einnimmt, beantwortet das Bundesministerium der Verteidigung auf seiner Website wie folgt:

> „Das Weißbuch ist das oberste sicherheits- und verteidigungspolitische Grundlagendokument der Bundesregierung. Es formuliert das sicherheitspolitische Programm für die nächsten Jahre. Es stellt Grundzüge, Ziele und Rahmenbedingungen deutscher Sicherheitspolitik, die Lage der Bundeswehr und Vorgaben für die Streitkräfte dar. Das Weißbuch steht in der Hierarchie sicherheitspolitischer Grundlagendokumente an oberster Stelle [...]" (BMVg über Weißbücher).

Während das Vorwort innerhalb des Weißbuchs der Verteidigungsministerin Ursula von der Leyen eher auf die sicherheitspolitischen Herausforderungen der Bundesrepublik allgemein und für die Bundeswehr im Besonderen rekurriert, betont Bundeskanzlerin Angela Merkel in ihrem Vorwort die Bedeutung des Dokuments für das Politikfeld der Sicherheitspolitik innerhalb der Bundesregierung:

> „Dieses Weißbuch zur Sicherheitspolitik Deutschlands und zur Zukunft der Bundeswehr beschreibt die Grundlagen der deutschen Sicherheitspolitik und den Rahmen, in dem diese sich vollzieht. Es identifiziert für die gesamte Bundesregierung Gestaltungsfelder deutscher Sicherheitspolitik" (Weißbuch 2016: 7).

Ferner beschreibt die Bundeskanzlerin darin auch die Aufgabe des Dokuments für die Bundeswehr, der eine zentrale Rolle als Instrument deutscher Sicherheitspolitik zukommt:

> „Es legt die Basis der künftigen Ausrichtung der Bundeswehr als eines der Instrumente deutscher Sicherheitspolitik [legt]. Unsere Bundeswehr hat in den vergangenen Jahren in zahlreichen Auslandseinsätzen gemeinsam mit unseren Verbündeten, Partnern und zusammen mit den Polizistinnen und Polizisten sowie zivilen Helferinnen und Helfern einen wichtigen Beitrag zum Frieden in der Welt geleistet. Sie wird auch künftig gefordert sein. In jedem ihrer Einsätze drückt sich unsere Bereitschaft aus, Frieden und Sicherheit zu bewahren und unsere Freiheit entschlossen zu verteidigen. Die Bundesregierung hat daher die Verantwortung und Verpflichtung, die Bundeswehr mit den erforderlichen Ressourcen auszustatten" (Weißbuch 2016: 7).

Mit seiner starken sicherheits- und verteidigungspolitischen Charakteristik sowie seinem dezidiert militärischen Bezug kann das Dokumente indes nicht den Anspruch für sich erheben, Abbild einer politikfeldübergreifenden Erzählung zu sein, wie es eine politikfeldübergreifende nationale Sicherheitsstrategie für sich beanspruchen würde. Zu diesem Schluss gelangt auch der wissenschaftliche Dienst des Deutschen Bundestags, der in einer Ausarbeitung zum Thema ‚Lehren aus dem Ausland und Argumente für die Erarbeitung einer nationalen Sicherheitsstrategie der Bundesrepublik Deutschland' feststellt, dass die Ausführungen im Weißbuch von 2016

> „nicht dem Anspruch einer nationalen Sicherheitsstrategie genügen, die nach politikfeldübergreifender Analyse die sicherheitspolitischen Interessen und Ziele eines Landes festschreibt und diesen die erforderlichen sicherheitspolitischen bzw. zivilen, polizeilichen und militärischen Instrumente und Maßnahmen zuordnet" (Bundestag 2015: 13; Hervorhebungen im Original).[11]

So ist es auch nur konsequent, dass die Verteidigungsministerin das Weißbuch anlässlich seiner Auftaktveranstaltung 2015 als das „strategische Grundlagendokument der Bundeswehr" (von der Leyen 2015, zit. nach Bundestag 2015: 13) bezeichnet. Dieser Eindruck lässt sich bereits bei der Lektüre der Gliederung des jüngsten Weißbuchs bestätigen, da das Dokument grob in zwei Teile gegliedert ist, wobei der gesamte zweite Teil der Bundeswehr gewidmet ist (vgl. Weißbuch 2016: 85-135). Demzufolge muss zusätzlich noch das außenpolitische Pendant herangezogen werden, damit neben dem Politikfeld der Sicherheitspolitik auch das Politikfeld der Außenpolitik Einzug in die Analyse erhält.

2.3 Die Leitlinien der Bundesregierung als außenpolitisches Grundlagendokument

Der zweite Fluchtpunkt der Untersuchung stellen die 2016 verabschiedeten Leitlinien der Bundesregierung ‚Krisen verhindern, Konflikte bewältigen, Frieden befördern' (vgl. Leitlinien 2017) dar. Die Auswahl ist insofern begründet, als dass die Bundesregierung die Leitlinien als eine „strategische Weichenstellung" (ebd.: 6) beschreibt, die „das Bekenntnis zu einem politischen Gesamtansatz zur Gestaltung des Friedens" (ebd.) liefert.

Die derzeitige Bundesregierung aus CDU/CSU und SPD, die seit März 2018 erneut Koalitionspartner sind, bekennt sich dabei ausdrücklich zu den Leitlinien

---

11 Hier sei angemerkt, dass die Beurteilung des militärischen Charakters des Weißbuchs durch den wissenschaftlichen Dienst des Bundestags vordergründig auf ein Arbeitspapier der Stiftung Wissenschaft und Politik von Hilmar Linnekamp und Christian Mölling beruht (vgl. Linnekamp/Mölling 2015: Das Weißbuch zur Verteidigungspolitik).

als Referenzrahmen für ihr außenpolitisches Handeln mit einer zivilen Schwerpunktsetzung. Im siebten Kapitel des Koalitionsvertrags ‚Deutschlands Verantwortung für Frieden, Freiheit und Sicherheit in der Welt' (Koalitionsvertrag 2018: 142) heißt es dazu, dass die „Leitlinien für Krisenprävention, Konfliktbearbeitung und Friedensförderung als Referenzrahmen für Deutschlands Engagement zur Krisenverhütung und Friedensförderung konsequent" (Koalitionsvertrag 2018: 154) umgesetzt werden müssen. So schreibt sich auch die Bundesregierung selbst auf der Website des Auswärtigen Amtes (AA) in den Leitlinien eine nichtmilitärische Rolle zu:

> „Ein Militäreinsatz zur Friedenssicherung bringt wenig ohne politischen Prozess und Entwicklungsperspektiven für die Menschen. Frieden, Sicherheit und Entwicklung sind keine isolierten Themenfelder – das eine kann ohne das andere nicht vorankommen. Die Bundesregierung hat deshalb unter Federführung des Auswärtigen Amts ein ressortübergreifendes Gesamtkonzept für den Umgang mit internationalen Krisen und bewaffneten Konflikten erstellt: die Leitlinien ‚Krisen verhindern, Konflikte bewältigen, Frieden fördern'. Sie bilden gemeinsam mit dem Weißbuch 2016 den neuen strategischen Rahmen und Kompass für unser Handeln" (AA über die Leitlinien 2017).

Der Fokus wird hier zugleich mehr auf innerstaatliche Gewaltkonflikte und fragile Staatlichkeit als außenpolitische Herausforderungen gelegt und weniger auf ‚klassische' Hegemonialkonflikte zwischen Staaten. So sollen die Leitlinien nach Selbstdarstellung der Bundesregierung primär zeigen, mit welchen Instrumenten die deutsche Außen- und Sicherheitspolitik mittels „Krisenprävention über Stabilisierung, Konfliktbewältigung und Wiederaufbau bis hin zur langfristigen Förderung von Frieden und nachhaltiger Entwicklung" (Leitlinien 2017: 6) operiert.

Darüber hinaus sollen der Bundesregierung zufolge mittels der Leitlinien die „Strukturen und Prozesse des vernetzten Ansatzes" (Leitlinien 2017: 6) auf neue Herausforderungen überprüft werden. Der ‚vernetzte Ansatz' der Bundesregierung soll hier als eine sicherheitspolitische Zusammenführung von Strukturen verstanden sein, die „im Bewusstsein eines umfassenden gesamtstaatlichen und globalen Sicherheitsverständnisses" (Weißbuch 2006: 20) zu denken ist. So kann der vernetzte Ansatz durchaus als ein hegemoniales Narrativ gegenwärtiger deutscher Außen- und Sicherheitspolitik verstanden werden. Das Bekenntnis der Bundesregierung zum Ausbau der Strukturen ist auch im jüngsten Weißbuch von 2016 zu finden, die dort als „zentrale Richtschnur" (Weißbuch 2016: 58) des Regierungshandelns umschrieben werden. Die Erwähnung und die Bereitschaft auf Überprüfung des vernetzten Ansatzes durch die Bundesregierung veranschaulichen, dass die beiden strategischen Grundlagendokumente ineinandergreifen – obwohl sie unterschiedlichen Politikfeldern angehören.

Die Leitlinien von 2016 ersetzen den Aktionsplan ‚Zivile Krisenprävention, Konfliktlösung und Friedenskonsolidierung' von 2004 (vgl. Aktionsplan 2004). Im Entstehungskontext des Aktionsplans von 2004 stellen die Leitlinien von 2016 das

> „Bekenntnis zu einem politischen Gesamtansatz zur Gestaltung des Friedens, das erstmals umfassend der Aktionsplan Zivile Krisenprävention, Konfliktlösung und Friedenskonsolidierung von 2004 formulierte" (Leitlinien 2017: 6).

Der Aktionsplan von 2004 ist aus inhaltlicher und thematischer Sicht für die Analyse insofern von Relevanz, als dass er nach Selbstbeschreibung der Bundesregierung die

> „erste umfassende ressortübergreifende Bestandsaufnahme der bereits in den zurückliegenden Jahren unternommenen Maßnahmen zur Friedensförderung [darstellt]" (Aktionsplan 2004: 1).

Damit liefert der Aktionsplan eine besonders geeignete Folie der Kontrastierung mit den Leitlinien von 2017, da der Plan der unmittelbare Vorgänger ist.

3 Analyserahmen

3.1 Methodologische Besonderheiten bei kontingenzsensibler Forschung

Die methodologischen Besonderheiten einer kontingenzsensiblen Forschung offenbaren sich auf zwei Ebenen. So herrscht zum einen über die Frage des politischen wie auch wissenschaftlichen Umgangs mit Kontingenz Dissens, der sich in zwei fundamental entgegenstehenden Positionen ausdrückt: Einerseits ist die Position des amerikanischen Pragmatisten John Dewey zu nennen, der einen hoffnungsvollen und positiven Umgang mit Kontingenz in seiner 1929 erschienenen Arbeit ‚The Quest for Certainty' (vgl. Dewey 1998 [1929]) darlegte. Dewey kann als „Referenzautor" (Knöbl 2012: 67) für kontingenzsensible Forschung bezeichnet werden, da er sich frühzeitig in einer systematischen Weise der Kontingenzthematik angenähert hat. Darin schloss er gar eine ‚Bewältigung' mithilfe wissenschaftlicher Praxis nicht gänzlich aus (vgl. Joas 2012: 34).

Zugleich kritisierte Dewey das Kausalitätsverständnis moderner Wissenschaften. Dieses sei Dewey zufolge zwar nicht per se problematisch, um Unbestimmtheiten und Mehrdeutigkeiten zu lösen, es führt indes in die Irre, wenn versucht würde, die Probleme allein durch Kausalitäten und Gesetzmäßigkeiten zu bestimmen (vgl. Knöbl 2012: 68). Der Umgang mit Kontingenz müsse vielmehr an den Spezifika menschlichen Handelns ausgerichtet werden. Menschliches Handeln ist stets mit Ungewissheit und Unbestimmtheit behaftet, da es letztendlich stets in „individuellen und einzigartigen Situationen" (Dewey 1998 [1929]: 10) stattfindet und diese „niemals exakt wiederholbar sind und hinsichtlich derer dementsprechend keine vollständige Sicherheit [Anm.: für die Wissenschaft] möglich ist" (ebd.). Daraus leitet Dewey die Erkenntnis ab, dass ‚Wandel' reziprok mit praktischem ‚Handeln' zu denken sei, wobei Wandel dann im Rückschluss auch immer kontingent gedacht werden muss: „Er [Anm.: der Wandel] hat ein Element des Zufalls in sich, das nicht eliminiert werden kann" (ebd.: 23). Daraus resümiert der Autor, dass unter Berücksichtigung der Aspekte menschlichen Handelns und Wandels die Kontingenzthematik auch methodisch vollständig bewältigt werden könnte. Dafür müssen Veränderungen als Ereignisse verstanden werden, die grundsätzlich (nach-)erzählt werden können:

> „Da jede Veränderung, die erforscht wird, ein Kreis oder Zyklus von Ereignissen ist, dessen Anfang und Ende durch die unbestimmte Situation, die eine Klärung erfährt, bestimmt [und infolgedessen nicht absolut] ist, kann jede gegebene Veränderung in Begriffen einer unbestimmten Vielfalt von eingeschlossenen kleineren Ereignissen als Zufälligkeiten, Episoden oder Geschehnissen erzählt werden" (Dewey 2002 [1935]: 263).

Andererseits steht Niklas Luhmann als Vertreter einer Forschung, die für einen pessimistischen Umgang mit Kontingenz bekannt ist. So fasst er seine hoffnungslose Sicht mittels einer überspitzten Analogie mit dem Regentanz der Hopi-Indianer wie folgt zusammen:

> „Die Situation gleicht derjenigen der Hopi-Indianer beim Ausbleiben von Regen. Was dann hilft, ist ein Regentanz in dem Glauben, daß das hilft" (Luhmann 1995: 579).

Luhmann betont im Gegensatz zu Dewey die negativen paradoxen Konsequenzen, die sich aus seiner Sicht aus der Zunahme der Handlungsoptionen infolge der funktionalen Differenzierung ergeben. Demnach führen jegliche Versuche, mit Kontingenz umzugehen, zu Folgeproblemen, die genau das Gegenteil bewirken, indem sie „geradezu zu einer Restriktion faktischer Handlungsmöglichkeiten der Individuen führen" (Joas 2012: 34). So wird

> „[i]n dieser Sichtweise [...] jede Hoffnung auf ein kollektives Handeln, das die individuellen Spielräume schützt und paradoxe Konsequenzen verhindert, für hoffnungslos obsolet erklärt" (Joas 2012: 34).

Die Konsequenz für Luhmann ist letztlich, so betont Hans Joas, dass Steuerung nicht möglich sei, da sowieso „alles immer kontingenter werde, aber nicht zu ändern sei, weil sich die Logik der funktionalen Differenzierung [...] ohnehin immer durchsetze" (Joas 2012: 34-35).

So soll in der vorliegenden Studie ein ‚Mittelweg' beider Positionen gefunden werden. Aus diesem Grund ist die Bearbeitung der Kontingenzthematik in dieser Studie insofern charakterisiert, als dass sich Kontingenz weder im Dewey'schen Sinne bewältigen lassen könnte, sodass sie damit ‚aus der Welt' geschafft ist, noch, dass der Forschende einen ‚weiten Bogen' um die Thematik machen sollte, wie es Luhmanns pessimistische Perspektive rät. Vielmehr soll die Bearbeitung von Kontingenz als forschungspraktische Rekonstruktion verstanden sein, die mittels Nacherzählung der Ereignisse den problematischen Umgang mit Kontingenz zum Gegenstand hat und nicht einen Versuch der ‚Steuerung' bemüht. Daraus sollten sich zahlreiche produktive Rückschlüsse für die Praxis ziehen lassen, die mittels geläufiger Kausalitätsunterstellungen nicht identifizierbar wären. Das Unkalkulierbare und Irrationale der Kontingenz soll hier zugleich auch für die Forschung als positiver Möglichkeitsraum verstanden sein, deren Betonung auf „Zugewinn an menschlicher Freiheit und Autonomie" (Geis 2012: 144) liegt.

Darüber hinaus zeigt sich das grundlegende Problem kontingenztheoretischer Forschung, dass sich Kontingenz bei der Analyse gegenwärtiger gesellschaftlicher Entwicklungen der unmittelbaren empirischen Untersuchung entzieht. Denn – so stellen Katrin Toens und Ulrich Willems fest –, dass

> „eine sozialwissenschaftliche Methode, mit der sich präzise bestimmen ließe, ob eine gegebene historische Situation notwendig aus einer vorhergehenden Konstellation entstanden ist oder nicht, gibt es nicht" (Toens/Willems 2012: 13).

Eine Konsequenz dieser methodologischen Besonderheit für das weitere Vorgehen ergibt sich daraus, dass es demzufolge einer historischen Rekonstruktion bedarf. Allein diese erfüllt das notwendige Erfordernis, mittels Kontrastierung die Veränderungen der möglichen Thematisierungen und Konzeptualisierungen von Kontingenz abzubilden (vgl. Toens/Willems 2012: 13). Daraus ergibt sich schlussendlich für die vorliegende Studie, dass der Zugang zu Kontingenz und ihrer Erfahrung der strategischen Grundlagendokumente deutscher Außenpolitik primär über die Rekonstruktion des vorfindlichen Kontingenzbewusstseins sowie über die politikfeldübergreifende Erfahrung von Kommunikation der Bundesregierung über Kontingenz gefunden werden muss. Dafür wird auf der ersten Ebene zunächst eine Kontrastierung zweier divergierender Phasen des Umbruchs bemüht, die eine Vergleichsfolie liefern soll. Diesbezüglich sei angemerkt, dass Veränderungen vor allem dann sichtbar werden, wenn sich Gesellschaften in gewissen Umbrüchen befinden, da die Erwartung der Fortsetzung einer Politik durch die Möglichkeit von Abbruch, Richtungsänderungen oder alternativen Pfadentscheidungen weitaus geringer ist als zu ‚normalen' Zeiten.

Überdies hat Wolfgang Knöbl vier methodologische Kriterien kontingenzsensibler Forschung vorgeschlagen, deren Anwendung sich auch für die vorliegende Studie als sinnvoll erweisen. Dementsprechend werden diese in aller Kürze dargelegt, da sie die Forschung mit anleiten. So betont Knöbl erstens, dass narrative Verfahren ernst genommen werden sollten, da Kontingenz methodisch nicht zu greifen ist. Dabei ist es zugleich relevant, dass die Erzählung einen festen Anfang und ein Ende mit einer festen, vom Forschenden *erdachten* pfadabhängigen Entwicklung beinhaltet, die dem untersuchten Prozess und seinem ‚Turning Point' (Stichwort: sog. ‚Münchener Konsens' [vgl. Kap. 4.1.]) zugrunde liegt. David Maines fasst diesen Punkt mithilfe von drei Elementen zusammen:

> „The first element is that events must be selected from the past for purposes of focus and commentary. Second, those events must be transformed into story elements. This is done through the use of plot, setting, and characterization that confer structure, meaning, and context on the events selected. Third, a temporal ordering of events must be created so that questions of how and why events happened can be established and the narrative elements can acquire features of tempo, duration, and pace" (Maines 1993: 21, zit. nach Knöbl 2012: 85).

Zweitens betont Knöbl, dass die Analyse von Kontingenz sowie kontingenten Ereignissen und ihren Folgeprozessen nicht allein auf den Startpunkt der Entwicklung fokussieren dürfen, da sonst die Gefahr droht, dass die Analyse letztlich nur diesen begründet. Daneben ist zudem das Ende, aber auch das, was ‚dazwischen' passiert, von Bedeutung. Der Forschende sollte mithin die eigene erzählerische Konstruktion von Kontingenz und Pfadabhängigkeiten kontinuierlich hinterfragen, um dann ggf. ganz andere Anfangs- und Endpunkte in Betracht zu ziehen (vgl. Knöbl 2012: 86-87).

Drittens kann die erzählerische Konstruktion von Analysen der Pfadabhängigkeit keinen Wahrheitsgehalt für sich erheben, da sie vom Forschenden gewissermaßen ‚erdacht' ist und selbst der Kontingenz unterliegt. Der Wahrheitsgehalt lässt sich hier nicht begründen, sondern lediglich die Argumente, die die Behauptung eines Vorliegens einer Pfadabhängigkeit plausibler und überzeugender machen. Dabei sind die Begründungen und Argumente nicht als willkürlich zu betrachten, da sich die Stärke aus ihrer Plausibilität gegenüber allen anderen denkbaren Konstruktionen heraus ergibt. An dieser Stelle können ebenfalls kontrafaktische Erzählungen mit ‚Was wäre gewesen, wenn'-Fragen helfen, um die pfadabhängigen Konstruktionen zu plausibilisieren. Ihr Wert liegt zugleich darin, dass sich mit ihnen deterministische Aussagen über vergangene Kausalitäten relativieren lassen (vgl. Knöbl 2012: 87-89).

Viertens ist für die Analyse von Kontingenz notwendigerweise zu beachten, den Faktor der Temporalität zu berücksichtigen. Die Annahme über eine konstante Relevanz sozialer Faktoren und einer kausalen Stabilität ist unter kontingenzsensiblen Prämissen zu verwerfen. Statistische Verfahren ignorieren diesen Umstand meist fortwährend, sodass die spezifische Zeitlichkeit von Prozessen und die Besonderheit eines jeden Ereignisses im Sozialen außer Acht gelassen wird. Aus diesem Grund ist unter kontingenzsensiblen Prämissen auch davon abzusehen, die Ergebnisse, die innerhalb einer pfadabhängigen Entwicklung gefunden wurden, zu verallgemeinern:

> „Wer immer also die Kontingenz sozialer Prozesse und deren kontextgebundene Temporalität anerkennt, der wird Schwierigkeiten haben, die Verallgemeinerungsbedürfnisse der ‚traditionellen' Sozialwissenschaften zu erfüllen. Er/Sie wird auf einen vergleichsweise steinigen Pfad geführt, auf dem sich herkömmliche Methoden kaum oder nur mit äußerster Vorsicht anwenden lassen" (Knöbl 2012: 90).

3.2 Forschungsleitende Grundannahmen des Pragmatismus

„There are no words,
to tell the truth.“
(Bob Dylan, Gates of Eden)

Das Ziel der vorliegenden Studie – die Rekonstruktion der Überzeugungen und Vorstellungen der gegenwärtigen deutschen Außen- und Sicherheitspolitik im Umgang mit Kontingenz – folgt hier grundsätzlich einem Primat der Praxis statt einer epistemologischen Herangehensweise. Das heißt, dass das Vorgehen in dieser Abhandlung nicht durch Anleitung theoretischer Modelle bestimmt ist. Dafür werden die erkenntnis- und sozialtheoretischen Grundannahmen des Pragmatismus[12] in Verbindung einer rekonstruktionslogischen Forschung herangezogen. Als Forschungsstil findet eine Grounded Theory[13] Verwendung – eine explizit pragmatistisch inspirierte Forschungspraxis.

Der Pragmatismus als ‚Theorie' des menschlichen Denkens und Handelns

Der Pragmatismus versteht sich als eine anti-essentialistische ‚Theorie'[14] des menschlichen Denkens und Handelns. Ausgangspunkt am Ende des 19. Jahrhunderts waren dabei grundsätzliche Fragen, wie Menschen zur „Festlegung einer Überzeugung“ (Peirce 1997, zit. nach Hellmann 2010: 149) gelangen, wie sich „die Psychologie des menschlichen Meinens“ (James 1948 [1896]: 90, zit. nach Hellmann 2010 ebd.) konstituiert oder „wie wir denken“ (Dewey 1991 [1938], zit. nach Hellmann 2010: ebd.). Der Pragmatismus geht zur Beantwortung dieser

---

12 Hier sei angemerkt, dass aufgrund der doch recht beschränkten Platzmenge die Einführung des Pragmatismus und seiner Grundannahmen auf ein nötiges Maß beschränkt bleibt. Eine ausführliche Darstellung des Pragmatismus in den IB im Allgemeinen und Außenpolitikanalyse im Besonderen, der auch hier weitestgehend gefolgt wird, liefert Gunther Hellmann (vgl. Hellmann 2010).

13 Die hier angewendete Grounded Theory soll hier nach Jörg Strübing weniger als eine Methode oder Methodologie, sondern als ein Forschungsstil oder eine Forschungspraxis verstanden werden (vgl. Strübing 2018: 28). Aus diesem Verständnis muss auch die Verwendung des Substantivs mit einem unbestimmten Artikel, die aus sprachästhetischen Gründen irritierend wirken mag, verstanden werden. Strübing konstatiert hierzu: „Der Grund dafür liegt in der substantivischen und damit objektivierenden Form des Labels ‚Grounded Theory', das seine Doppeldeutigkeit daraus bezieht, dass es die zentrale Qualität der mit dem Verfahren zu erarbeitenden Theorien zugleich auch zum Name für das Verfahren selbst erhebt“ (ebd.).

14 Theorie soll hier in einem breiten Verständnis übersetzt werden mit einer „etablierte Lehrmeinung“ (Hellmann 2010: 150), „Maxime“ (Putnam 1995: 219, zit. nach Hellmann 2010 ebd.) oder „Doktrin“ (Rorty 1982: 165, zit. nach Hellmann 2010 ebd.). Charakteristisch an ihr ist, dass sie „zwar [wie jede andere Überzeugung auch] grundsätzlich revisions*fähig* ist, die wir aber aufgrund vielfältiger Erfahrung für so weitgehend bestätigt erachten können, dass wir uns [zumindest bis auf Weiteres] nicht weiter mit ihrer Revisions*bedürftigkeit* aufhalten müssen“ (Hellmann 2010 ebd., Hervorhebung aus dem Original).

Fragen davon aus, dass jedwede menschliche Handlung an konkrete soziale Situationen gebunden ist. Die ontologische Prämisse des Pragmatismus lautet dabei, dass das Denken und Handeln sich stets wechselseitig bedingen und nicht voneinander getrennt gedacht werden können – er schwächt mithin die dualistische Trennung des Denkens und Handelns.

Ausgangspunkt allen pragmatistischen Denkens ist zugleich das Primat der Praxis – also die Verankerung allen menschlichen Handelns in sozialen Situationen (vgl. Hellmann 2010: 150). Nach Hillary Putnam kann der Vorrang der Praxis als relevantestes Prinzip des Pragmatismus gewertet werden. Hellmann spitzt dies, Charles Sanders Pierce folgend, zu: „Wir denken, weil wir handeln müssen, nicht umgekehrt [wenn man denn überhaupt eine starke Unterscheidung zwischen Denken und Handeln bzw. eine prozessuale Abfolge zwischen beiden einführen will [...]" (Hellmann 2010: 150). Für den Forschungsprozess bedeutet dies zunächst, dass die Unterscheidung zwischen Erkenntnistheorie auf der einen Seite und Handlungstheorie auf der anderen Seite nur schwerlich aufrechterhalten werden kann. Damit wird der klassische Dualismus der westlichen Philosophie aus Theorie einerseits und Praxis andererseits als irreführend verworfen, da sie letztlich, wie Hellmann es formuliert, „zwei Seiten ein und derselben Medaille [sind]" (Hellmann 2010: 152).

Kopplung von Zweifel und Überzeugungen

Ein weiteres zentrales Begriffspaar im Rahmen des pragmatistischen Forschungsprozesses sind Zweifel und Überzeugungen (vgl. Hellmann 2010: 150). Charles Sanders Pierce zufolge sei der Beginn jedes Forschungsvorhabens immer der Zweifel – demzufolge er auch den Ausgangspunkt jeder Handlung markiert. Der Zweifel dient als „einziges unmittelbares Motiv, sich auf die Anstrengung einzulassen, sich eine Überzeugung zu bilden" (Peirce 1997 [1877], zit. nach Hellmann 2010: 150). Überzeugungen hingegen schaffen Handlungsregeln – oder auch Gewohnheiten –, da sie zum einen etwas sind, das dem Menschen bewusst ist. Zum anderen aber stillen sie gleichsam die Irritation des Zweifels. Dieses Stadium der Überzeugung kann zugleich stets nur vorläufig sein, da durch die neu ausgelösten Handlungen der Überzeugungen immer auch früher oder später neue Zweifel entstehen müssen (vgl. Hellmann 2010: 151). Aus den beiden Begriffspaaren von Zweifel und Überzeugungen auf der einen Seite sowie Denken und Handeln auf der anderen Seite ergibt sich eine „doppelte und unauflösliche Koppelung" (Hellmann 2010: 151). Ob dabei die Überzeugungen richtig oder falsch sind, ist für die eigentliche Handlung zunächst weniger relevant, da das Handeln und Denken notwendigerweise Überzeugungen benötigen, die sich wiederum in Routinen abbilden. Dies ist als ein ständiger, sich wechselseitig beeinflussender Prozess zu denken, oder wie Hellmann diese Implikation übersetzt: „Unser Handeln ist dabei schon deshalb zu einem großen Teil routinisiert bzw. ‚habitualisiert', weil ein Leben im ständigen Zweifel schwer vorstellbar wäre" (Hellmann 2010: 151).

Analog dazu lässt sich das Begriffspaar der Zweifel und Überzeugungen auf zwei Arten von Handlungskontexten übertragen: Routinesituationen und problematische Situationen. Dewey zufolge sind Routinesituationen dadurch gekennzeichnet, dass die Menschen auf ein Repertoire und Überzeugungen, d. h. Handlungsregeln und Gewohnheiten, zurückgreifen können, die in der menschlichen Wahrnehmung „a closed [...] ‚universe of experience'" (Dewey 1981 [1938]: 227, zit. nach Hellmann 2010: 151) repräsentieren. Diese Situationen sind dem Menschen insofern vertraut, als dass sie auf frühere Handlungen zurückgreifen können, die starke Ähnlichkeiten aufweisen. Hellmann führt zur Verdeutlichung als Beispiel eine rote Ampel an, vor der jedermann routinemäßig hält. Die Situation ist insofern nicht problematisch, als dass eine neue Lösung für die Situation erdacht werden müsste, obwohl möglicherweise vor dieser spezifischen Ampel das erste Mal Halt gemacht wird (vgl. Hellmann 2010: 151). Demgegenüber stellen problematische Situationen jene dar, die mit der Routine brechen, da die Lösung nicht mit dem routinehaften Repertoire erzielt werden könnte (vgl. Hellmann 2010: 151). Aus diesem Grund nimmt der Mensch die Situationen als problematisch wahr, da die Neuartigkeit der Situationen eine *kreative* Leistung voraussetzt. Genau hier setzt der pragmatistische Forschungsprozess ein, da der Forschende dazu angehalten wird, sich eine neue Überzeugung zu bilden, die das Forschungsproblem zu lösen vermag (vgl. Hellmann 2010: 152). An dieser Stelle erklärt Dewey auch das Primat der Praxis beim Pragmatismus insofern, als dass dem Menschen als dem „entscheidenden Träger kreativen Denkens [...] anstelle einer epistemologischen eine praktische Funktion" (Dewey 1981 [1922]: 56, zit. nach Hellmann 2010: 152) zukommt. Das Handeln des Forschenden mit dem Zweifel als Ausgangspunkt ist dabei mit den Worten von Hans Joas als „situiertes, genuin kreatives Handeln" (Hellmann 2010: 152) zu denken, das etwas Neues entstehen lässt. Bestenfalls bedingt das Handeln des Forschenden neue Handlungsregeln, die wiederum neue Forschungsprobleme evozieren (vgl. Hellmann 2010: 152-153).[15]

Sprachabhängigkeit von Beobachtungen und Weltbild-Relativität

Der Pragmatismus rückt als einer seiner zentralen Implikationen die Relativität von Weltbildern sowie die Sprachabhängigkeit von Beobachtungen in den Fokus (vgl. Hellmann 2010: 154). Von zentraler Bedeutung ist bei Letzterem Richard Rortys Erkenntnis, dass die Beobachtungen, die ein Forschender machen kann,

---

[15] An dieser Stelle sei nochmals betont, dass alle Annahmen, die dem Pragmatismus innewohnen, nicht ausschließlich für den dargestellten Untersuchungsgegenstand und die Analyse gelten, sondern zugleich auch für den Forschenden und die Erkenntnisgenese.

stets von der Sprache abhängen. Als zentrale Konsequenz für den Forschenden ergibt sich daraus, dass das Wissen nicht *ge*funden, sondern vielmehr *er*funden wird (vgl. Hellmann 2010: 154). Damit befreit sich das pragmatistische Verständnis von der Idee, dass es die eine Wahrheit ‚da draußen' gäbe, die es in der wissenschaftlichen Auseinandersetzung lediglich zu *finden* gilt. Richard Rorty wertet vielmehr sinnbildlich die Position der Dichtung gegenüber der Theorie auf: „Wahrheit werde gemacht, nicht gefunden" (Rorty 2016 [1992]: 98).[16] Rorty folgt dabei den sprachphilosophischen Arbeiten von Ludwig Wittgenstein und Donald Davidson, die Sprache weniger als ein Medium ansehen, „das allmählich die wahre Form der wahren Welt oder des wahren Selbst annimmt" (ebd.: 94), sondern Sprache als historisch kontingent betrachten. So muss beispielsweise die eingangs erzählte Hinführung über das Anti-ISIS-Mandat als eine kontingente Setzung des Autors verstanden werden, die auch aus einer anderen Perspektive aufgrund der „unbegrenzten Pluralität der Ausgangspunkte" (ebd.: 95) hätte ‚erzählt' werden können.

Sprache kommt dabei der Funktion zu, Bedeutung nicht nur zu transportieren, sondern sie zugleich auch zu konstituieren. Durch die menschlichen Zuschreibungen erhalten die Dinge, die wahrgenommen werden, erst ihren Sinn, da sie vom Menschen sprachlich erfunden werden (vgl. Hellmann 2010: 154).[17] Auf diese Weise lassen sich Veränderungen oder Fortschritte im Verhalten der Bundesregierung „als die Übernahme ausgewählter Metaphern in den allgemeinen Sprachgebrauch" (Rorty 2016 [1992]: 84) erkennen, die rekonstruiert werden können. Welche Metaphern (oder auch ‚Sprachspiele') die Bundesregierung heranzieht, um ihren Umgang mit Kontingenz zu beschreiben, ist für diese Studie von zentraler Bedeutung, da sie demnach zeigen dürften, welche Überzeugungen bei der Bundesregierung inhärent wirken.[18] Auch die Beschreibung der Welt durch den Forschenden erfolgt durch die Verwendung eines bestimmten Vokabulars. Dieses muss hier aber verstanden sein als „sinnhaft miteinander verknüpfte Begrifflichkeiten und Wortkombinationen und nicht als einzelne Sätze oder gar einzelne Wörter" (Hellmann 2010: 155). Aus diesem Verständnis soll diese Abhandlung nicht als eine Begründung, *warum* die Bundesregierung sich (richtig

---

16 Rorty übt dabei explizit Kritik an der abendländischen Philosophie der Aufklärung. Unter Bezug auf Kant, Hegel, Nietzsche und Heidegger wirft er ihnen einen irreführenden Anspruch von absoluter Wahrheit und Allgemeingültigkeit vor. So kritisiert Rorty: „Aber sie hielten an der Vorstellung fest, daß Geist, Vernunft, die Tiefen des menschlichen Selbst, eine immanente Natur haben – eine Natur, die für eine Art nicht-empirischer Überwissenschaft namens Philosophie erkennbar sei" (Rorty 2016: 23).

17 So darf bspw. das Waltz'sche Vokabular der neorealistischen Denktradition in den IB als sprachliche Erfindung gedacht werden, als eine Neubeschreibung eines spezifischen Ausschnitts von Welt, deren Sprache Bedeutung in einem jeweiligen Überzeugungssystem erlangt (vgl. Hellmann 2010: 155).

18 Vgl. als Beispiel für die Bedeutung von Sprache in der Außen- und Sicherheitspolitik Hellmann, Gunther et al. (2008): Die Semantik der neuen deutschen Außenpolitik.

oder falsch) verhält, sondern als Neu- oder Fortschreibung eines Narratives, *wie* sich die Bundesregierung verhält, verstanden werden (vgl. Rorty 2016 [1992]: 85). Aus pragmatistischer Sicht ist es dabei nicht entscheidend, das ‚beste' oder ‚genaueste' Vokabular zur Beschreibung der Welt zu finden, sondern der Aspekt, ob das verwendete Vokabular den Forschenden in die Lage versetzt, „mit und in der Welt [besser] zurecht zu kommen" (Hellmann 2010: 155).

Die zweite weitreichende Implikation des Pragmatismus – die Weltbild-Relativität – rückt das Zusammenspiel der Überzeugungen in den Mittelpunkt. Rorty zufolge sind Überzeugungen im Pragmatismus relativ und kontingent, da sie sich nicht auf eine Instanz jenseits des Zeit-Raum-Bereichs zurückbeziehen können (vgl. Rorty 2016 [1992]: 94). Rorty umschreibt dabei ein Bild eines Netzes aus Überzeugungen, das sich in einem ständigen Prozess der Bearbeitung befindet, sodass es kontinuierlich ‚umgewoben' wird. Dabei wird das Netz jedoch nicht von einer höheren Instanz umgewoben, sondern es webt sich vielmehr selbst um, indem es neue Überzeugungen annimmt (vgl. Hellmann 2010: 155). Rorty spricht dabei vom „Prozeß der Entgötterung" (Rorty 2016 [2012]: 85-86). Ludwig Wittgenstein führt in diesem Zusammenhang den Begriff des Weltbildes ein, das als „Dreh- und Angelpunkt eines ganzen *Systems* von Überzeugungen" (Hellmann 2010: 156) verstanden werden kann, auf „dessen Grundlage wir zwischen wahr und falsch unterscheiden" (ebd.).

Rekonstruktionslogische Forschung

Im konkreten rekonstruktionslogischen Vorgehen soll hier folglich gelten, dass die Untersuchung nicht mithilfe vorher bestimmter Konzepte oder Theoriegebäude erfolgt. Im Gegensatz zu einer subsumtionslogischen Forschung sind bei der rekonstruktionslogischen Vorgehensweise „Theorie, Methodologie und Methode den Gegenstand [nicht] äußerlich" (Herborth 2015: 262-263). Vielmehr beginnt die rekonstruktionslogische Forschung mit dem Untersuchungsgegenstand selbst (hier den strategischen Grundlagendokumenten), bevor jedwede Annahmen auf sie projiziert werden.[19] Damit ist der Forschende auch stets Teil des Untersuchungsgegenstandes – ein ‚objektiver' Wissenserwerb durch einen ‚außerhalb' stehenden Forschenden scheint aus dieser Perspektive illusorisch, da letztlich nur mittels Sprache und Interaktionen Erkenntnisse gesammelt werden können (vgl.

---

[19] Um dem eingangs beschriebenen ‚Primat der Praxis' und dem Fokus auf den Untersuchungsgegenstand in dieser Studie gerecht zu werden, soll hier nicht der Ort für eine fachinterne Diskussion der Disziplin der Internationalen Beziehungen (IB) sein. Dennoch sei hier kurz angemerkt, dass rekonstruktionslogische Vorgehensweisen grundsätzlich als Kritik an den subsumtionslogischen Theorieparadigmen der IB gewertet werden dürfen. Benjamin Herborth fasst wie folgt zusammen: „Die konsequente Kritik des Paradigmatismus bildet daher die übergreifende Klammer der unterschiedlichen Dimensionen rekonstruktiver Sozialforschung" (Herborth 2015: 278).

Panetta 2013: 35). Die rekonstruktiv verfahrende Forschung in den Sozialwissenschaften drückt sich laut Ulrich Franke und Ulrich Roos in einer „ergebnisoffenen Grundhaltung" (Franke/Roos 2010: 285) aus. Diese tritt insofern zutage, als „dass der Forschungsprozess an einen konkreten Untersuchungsgegenstand gebunden und in dem Sinne offen ist, dass die Forscher im Rahmen der Analyse ihres Materials stets dazu bereit bleiben, sich von den Ergebnissen der Interpretation überraschen zu lassen – und so zu neuen, gegebenenfalls irritierenden Ergebnissen gelangen" (Franke/Roos 2010: 285).

3.3 Forschungsstil Grounded Theory

3.3.1 Theorieverständnis

> „Theory building is a process of going from raw data, thinking about that raw data, delineating concepts to stand for raw data, then making statements of relationship about those concepts linking them all together into a theoretical whole, and at every step along the way recording that analysis in memos" (Corbin/Strauss 2008: 16).

Anwendbarkeit und Qualitätssicherung

Die Forschungspraxis dieser Abhandlung verpflichtet sich dem vom Pragmatismus inspirierten Forschungsstil Grounded Theory (GT). Der Forschungsstil einer GT als in „Daten begründete Erklärung" (Franke/Roos 2015: 293) verwehrt sich der Logik des Theorientests, indem die Genese neuer theoretischer Annahmen in den Mittelpunkt gerückt wird – wie es das Eingangszitat dieses Kapitels veranschaulicht. Auf diese Weise steht nicht der Test der großen Theorieparadigmen der IB auf ihren ‚Wahrheitsgehalt' im Mittelpunkt, sondern der Untersuchungsgegenstand selbst. So soll im Verständnis einer GT nach den Urvätern Barney Glaser und Anselm Strauss eine möglichst große Ergebnisoffenheit gegenüber dem Untersuchungsgegenstand gesichert werden, wobei die Ergebnisse lediglich angemessen aus dem Arbeitsprozess zu verstehen sind (vgl. Strübing 2018: 28). Hierbei wird sich um einen „Dialog mit den Texten" (Panetta 2013: 45) bei gleichzeitiger kontinuierlicher Auseinandersetzung mit dem theoretischen und praktischen Vorwissen bemüht.

Der Forschungsstil der GT hat dabei seine Ursprünge in der Erforschung organisationaler Praktiken in den 1960er-Jahren und ist seitdem in vielen Felder der empirischen forschenden Sozialwissenschaften angewendet worden. Sie ist also eine dezidiert interdisziplinär anwendbare Forschungspraxis, die durch ihre hohe Offenheit und Adaptierbarkeit gekennzeichnet ist, da sie in den unterschiedlichsten Forschungszusammenhängen mit ihren jeweiligen spezialisierten Erkenntnisinteressen fruchtbar in Kombination gebracht werden kann (vgl. Strübing 2018:

29). Gerade dies darf auch in der vorliegenden Studie als Argument für die Anwendung einer GT gewertet werden, da es sich hier ebenfalls um die Kombination verschiedener Forschungszusammenhänge handelt. Zum einen wird hier die Strategiebildung deutscher Außen- und Sicherheitspolitik zum Untersuchungsgegenstand gemacht – ein Untersuchungsgegenstand, der sich in den vergangenen Jahren fortan in der Debatte der Community weiterentwickelt hat. Dies ist auch darauf zurückzuführen, dass es in der ‚Berliner Debatte' gewissermaßen zum ‚Ritual' wurde, alle Jahre wieder die Rufe nach mehr Strategie erklingen zu lassen (vgl. exemplarisch für die Debatte die Policy Briefe von 2009 und 2011 der Stiftung Neue Verantwortung).

Zum anderen wird dieser Untersuchungsgegenstand in Verbindung mit einer kontingenzsensiblen Forschung gebracht, die in der deutschen Politikwissenschaft im Allgemeinen sowie in den IB im Besonderen nach wie vor ein Schattendasein fristet, obwohl mittlerweile ein fruchtbares Gedeihen mit systematischen und interdisziplinär angelegten Ansätzen in anderen Fachbereichen wie in der Soziologie herrscht (vgl. exemplarisch für die Vielfalt Toens/Willems 2012: 11). Dass gerade die Subdisziplin der IB sich derart davor scheut, sich dem Thema der Kontingenz theoretisch anzunähern, obwohl doch gerade hier mit der fortschreitenden Interdependenz der globalisierten Welt und der damit einhergehenden Komplexitätszunahme die Kontingenz politischer Entscheidungsprozesse zugenommen hat, ist mehr als verwunderlich und bestärkt zugleich ausdrücklich dieses Forschungsvorhaben.

Theorieverständnis um Induktion, Deduktion und Abduktion

Das Ziel dieser Studie besteht darin, mittels Grounded Theory die „Überzeugungsstrukturen" (Franke/Roos 2015: 296) der Bundesregierung im Umgang mit Kontingenz zu rekonstruieren. So darf hier der positivistischen Vorstellung widersprochen werden, die Sozialwissenschaft müsse stets der Aufgabe nachkommen, Komplexität zu reduzieren. Im Sinne einer kontingenzsensiblen Forschung sollte sie vielmehr den Anspruch erheben, das Verständnis und die Kompetenzen im Umgang mit Komplexität zu verbessern (vgl. Panetta 2013: 40). Ein wesentlicher Aspekt bei der Anwendung einer GT ist dabei, dass weder rein deduktiv noch induktiv vorgegangen wird, sondern ein iterativ-zyklisches Wechselspiel aus induktiven, deduktiven und abduktiven Vorgängen des logischen Schließens vorangetrieben wird (vgl. Strübing 2018: 32-33). Dieses Schließverfahren lässt sich primär damit begründen, dass ein rein deduktives Vorgehen (das Schließen vom Allgemeinen [Theorieparadigmen] auf den Einzelfall [empirische Phänomen]) nicht der Aufgabe nachkäme, das Problem zu lösen. ‚Echte' ungelöste Probleme zeichnen sich in der Regel dadurch aus, dass sie sich schlicht und ergreifend nicht durch das Anwenden bekannter Regeln und Gesetze lösen ließen. Gleiches gilt auch für das induktive Vorgehen, d. h. das Schließen vom Einzelfall auf das Allgemeine.

Das empirische Phänomen selbst kann in der Regel nicht seine eigene Lösung bereitstellen (vgl. Strübing 2018: 32). Stattdessen tritt mit der Abduktion eine dritte, dezidiert pragmatistisch inspirierte Variante des logischen Schließens hinzu. Abduktion kann laut Strübing, der diesbezüglich Charles Sanders Peirce folgt, als „unwillkürlicher Akt der tentativen Zuordnung von unbekannten Wahrnehmungsinhalten zu kognitiven Strukturen, die diese rahmen, zuordnen und so begrifflich verfügbar machen" (ebd.: 32), verstanden werden.

Abduktion als ‚kreativer Kern' einer GT

Die Grundidee der Abduktion lautet, dass der im Pragmatismus vorherrschende Wechsel aus Zweifel und Gewissheit in ihr seinen Ausdruck findet, indem permanent hypothetisch geschlussfolgert wird. Das bedeutendste verbindende Element von Grounded Theory und Pragmatismus stellt nach Dewey die Auffassung dar, dass Handeln und Forschen als Problemlösungsprozess begriffen werden müssten (vgl. Strübing 2018: 32). So versteht sich auch der Forschungsprozess der Arbeit selbst, bei denen die routinierten Situationen und ihre handlungsleitenden Überzeugungen immer wieder aufs Neue erforscht und hinterfragt werden (vgl. Franke/Roos 2015: 297). Durch den Schritt der Abduktion gewonnene Problemlösungen werden sodann auf ihre Plausibilität überprüft und erprobt. Sollte es sich als für die Lösung des Problems dienlich erweisen, da die Handlung unterstützt wird, sedimentiert es sich und Zweifel wird Überzeugung. Im anderen Fall beginnt der Problemlösungsprozess mit den neu gewonnenen Informationen von vorne (vgl. Abbildung 1). Der Schritt Abduktion bei GT stellt insofern den Kern des Wissensfortschritts dar, da „in jenem kreativen Moment der Abduktion, in dem spontan, wenngleich nicht zufällig, mögliche Lösungen zur Integration zuvor disparater Wahrnehmungen und Wissensbestände aufscheinen" (Strübing 2018: 33). Gewissermaßen bedeutet diese Vorgehensweise eine Absage zu der (weitverbreiteten) Haltung, dass Erkenntnisse allein auf der Basis formallogischer Schlüsse begründet sein müssen. Zugleich heißt es aber auch, dass die gewonnenen Daten mit dem Instrumentarium der Formallogik nicht abgesichert werden können und damit mitunter Legitimitätsdefizite beinhalten, die erst durch die Bewährung im praktischen Handeln gelöst werden können (vgl. Strübing 2018: 33).

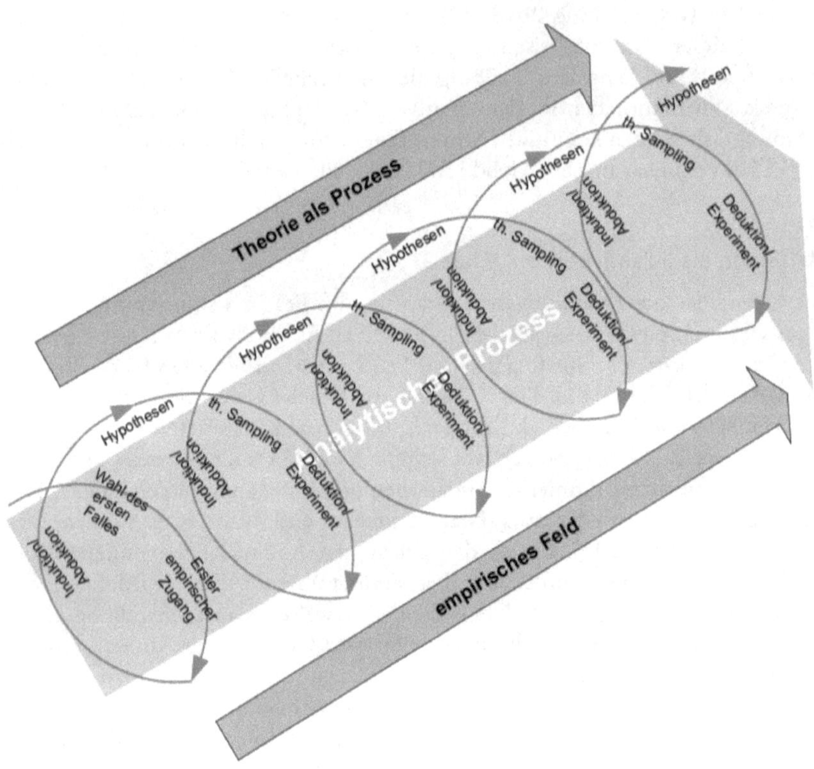

Abbildung 1: Iterativ-zyklische Sequenz von Problembestimmungs- und -lösungsprozessen (aus Strübing 2018: 33).

Abschließend sei zum Theorieverständnis betont, dass GT nicht als eine *Anything-goes*-Praxis verstanden werden darf, sondern in Anlehnung an Pierce als Praxis, die die Qualität wissenschaftlicher Erkenntnisse anhand ihrer *Plausibilität* einstuft. Auch methodologische Prinzipien und Regeln können keine Garantie dafür sein, eine ‚gute' Forschung zu betreiben, die automatisch durchbrechende Ergebnisse liefert. Dabei merkt Jörg Strübing zugleich treffend an, dass das Problem weniger in der reinen Qualität der Studie liege, sondern „vielmehr in der Möglichkeit einer verlässlichen externen Überprüfung dieser Qualität durch die wissenschaftliche Öffentlichkeit" (Strübing 2018: 30). Die Qualität der Arbeit misst sich letztlich an der Zustimmung der ‚Community of Scientists' (vgl.

Franke/Roos 2015: 297).[20] Aus diesem Grund sind neben der in der GT integrierten Vielzahl an qualitätssichernden Maßnahmen (Sampling, iterativ-zyklische Hypothesentest, kontrastive Vergleichsheuristik etc.) auch umfassende Dokumentationen über die konkrete Umsetzung nötig – zusätzlich zur reinen Darstellung der Ergebnisse. Dafür muss der Forschungsprozess kontinuierlich und intensiv mittels Memos dokumentiert werden, die den Weg zu den Ergebnissen darlegen. Auf diese Weise kann eine externe Gütebeurteilung der Studie erfolgen (vgl. Strübing 2018: 30).

3.3.2 Leitprinzipien beim praktischen Vorgehen

In Anbetracht des Aspekts, dass sich GT durch ihre Offenheit auszeichnet und ein „flexibel anzupassendes Gerüst von Verfahrensvorschlägen" (Strauss 1991: 33) verkörpert, sind die Arbeitsprinzipien, die Strauss formuliert, von besonderer Bedeutung. Diese dienen auch in der vorliegenden Abhandlung als Orientierung, um daraus situative Interpretationen anzuleiten. Bei den folgenden methodischen Vorgaben handelt es sich nicht um starre, zwingend durchführbare Regeln, sondern um flexibel anzupassende Leitlinien, die ‚Orientierung' bei der Forschungspraxis bieten sollen (vgl. Strübing 2018: 41).

So ist nach Strauss erstens das Forschen des Forschenden als Arbeit aufzufassen, bei der es gewissermaßen darum geht, eine Reihe von Arbeiten zu tätigen, um die Aufgabe letztlich ‚erfolgreich' zu absolvieren (Stichwort: Forschen als Arbeiten) (vgl. Strauss 1991: 33). Dabei stechen in der Beschreibung von Strauss zwei Merkmale besonders heraus: zum einen die Parallelisierung der Arbeitsschritte und zum anderen die Sequenzierung des Samplings (vgl. Strübing 2018: 37). Bei der Parallelisierung der Arbeitsschritte muss die sonst voneinander getrennt gedachte Trias der Arbeitsschritte aus Datengewinnung, Datenanalyse und Theoriebildung eine parallel betriebene Modi der Forschung repräsentieren, die sich auf positive Weise gegenseitig beeinflussen können. Als Sequenzierung des Samplings ist wiederum zu verstehen, dass die ausgewählten Daten auf den Prozess der Datengewinnung selbst einwirken – statt lediglich auf die Theoriegenese. Auf diese Weise ist es während des Forschungsprozesses denkbar, andere Datentypen einzusetzen oder die Auswahl der Fälle (Stichwort: Sampling) durch die entstehende Theorie zu steuern (vgl. Strübing 2018: 37).

---

[20] Hier sei kurz angemerkt, dass die Zustimmung der IB-Community als Qualitätsmerkmal wissenschaftlicher Arbeit einer besonderen Problematik innewohnt. Gerade bei einem theoriefreien Ansatz, der in den IB als äußerst exotisch zu beschreiben ist, kann es sich als schwierig erweisen, überzeugend in einem Feld zu sein, das von Großtheorien dominiert wird. Aus diesem Grund gilt für das Vorgehen äußerste handwerkliche Sorgfaltspflicht bei gleichzeitiger Übersetzungsleistung des Forschungsprozesses und der Ergebnisse für die deutschsprachige IB-Community.

Zum anderen bedeutet die Parallelisierung aus dem ersten Schritt zugleich, dass die Analyse bereits mit dem ersten Fall beginnt, d. h., dass bereits hier erste theoretische Aussagen erfolgen können. Die Forschungspraxis bei Anwendung einer GT versteht sich daher als ein „einzelfallanalytisches Verfahren" (Strübing 2018: 37; Hervorhebung im Original) qualitativ-interpretativer Sozialforschung. Zugleich bedeutet es aber auch für das weitere Vorgehen, dass der erste Fall mit Bedacht gewählt und entsprechend ausführlich begründet werden muss.

Strauss und Corbin betonen ferner, dass die Arbeit mit einer GT Kreativität vom Forschenden abverlangt (vgl. Strauss/Corbin 1996: 11). Kreativität darf dabei allerdings nicht mit einer Art künstlerischen Freiheit verwechselt, sondern sollte vielmehr als „unabdingbare subjektive Eigenleistung der Forschenden im zielorientierten, kontrollierten Prozess der empirischen Untersuchung" (Strauss/Corbin 1996: 27) verstanden sein. Doch gerade aufgrund der Tatsache, dass „Daten nicht sprechen und Theorie nicht aus Daten emergiert" (Strübing 2018: 38), ist es unabdingbar, kreative Eigenleistung in den Forschungsprozess einzubringen.[21]

3.3.3 Theoretisches Sampling und Heuristiken des Vergleichs

Bei der praktischen Umsetzung in einer Arbeit mit einer GT sind zwei zentrale Modi von besonderer Relevanz, die in der Praxis eng miteinander verbunden sind: zum einen das theoretische Sampling (engl.: ‚theoretical Sampling'), das eine ständige Zufuhr von neuem Datenmaterial zur Auswahlgesamtheit meint, und zum anderen die Heuristiken des Vergleichens, die die „fortgesetzte Iteration zweier einander abwechselnder Vergleichsmodi" (Strübing 2018: 39) umschreibt. Die Heuristik des ständigen Vergleichens setzt gewissermaßen an einer schlichten Alltagserfahrung an. Mithilfe der (unterschiedlichen) Fähigkeit der Menschen, Dinge zu vergleichen, wird in vielen Bereichen der Alltag organsiert. Ähnlich verhält es sich mit der wissenschaftlichen Arbeit, da auch hier die Logik des Vergleichs Anwendung finden. Auf allen Ebenen einer GT kommen Vergleichslogiken vor. So soll während der *minimalen Kontrastierung*, d. h. während des Vergleichs von Daten, die dem ersten Materialstück in inhaltlicher Dimension möglichst ähnlich ist, der Kern des theoretischen Modells durch Homogenisierung erarbeitet werden (vgl. Strübing 2018: 40). Sollten während des Forschungspro-

---

[21] Hier sei angemerkt, dass Strauss die Forschung zudem viertens als kollektiven Prozess versteht (vgl. Strauss 1991: 68). Dies bedeutet für ihn, dass die Forschung als ein Gemeinschaftsprojekt am Material betrachtet werden sollte, an dem mehrere Forschende teilnehmen. Indem die Forschenden ins Gespräch treten, können sie zum gegenseitigen ‚Korrektiv' ihrer Arbeiten werden. Da es sich bei der vorliegenden Studie um ein Einzelprojekt des Forschenden mit einem recht knapp bemessenen Zeitrahmen handelt, war es allerdings nicht möglich, hier entsprechende Arbeitsgruppen zu organisieren.

zesses die homogenen Fälle keine weiteren Eigenschaften für das theoretische Modell liefern, gilt dieser Theoretisierungsschritt als gesättigt (Stichwort: theoretische Sättigung). Der weitere Einbezug homogener Fälle würden den Erkenntnisgewinn nicht weiter fördern (vgl. ebd.). In der Folge werden gezielt andere Fälle vom Forschenden gesucht, die sich gerade durch ihre Differenz auszeichnen, um diese an den ersten Vergleichsschritt heranzutragen. Auf diese Weise lässt sich das vorläufige Modell auf seine „konzeptuelle Repräsentativität" (Strübing 2018: 40) testen, da Abweichungen und Veränderungen sichtbar werden.

Bei der Heuristik des Vergleichs ist es gleichwohl relevant, zu beachten, dass die Dinge nicht ‚an sich' Unterschiedlichkeiten oder Ähnlichkeiten aufweisen, da das Unterscheidungsvermögen beim Akteur selbst angelegt ist (vgl. Strübing 2018: 39). Jörg Strübing zieht dafür das Beispiel unterschiedlicher Kassenschlangen im Supermarkt heran, um die Unterschiedlichkeiten der Relevanzstrukturen und Vergleichskriterien zu verbildlichen: „Wer oft einkauft, wird über feinere Kriterien zum Vergleich von Kassenschlangen verfügen. Und wer eher schüchtern ist, wird eher zögern, eine Körperhaltung seiner Gegenüber als Gesprächseinladung aufzufassen" (Strübing 2018: 39). So ist es auch für die vorliegende Abhandlung von Bedeutung, dass das Forschungsproblem selbst sowie das Vorwissen, die Interessen und Erfahrungen des Forschenden in diesem Vergleichsmodus einen gewichteten Stellenwert einnehmen und während der Forschungspraxis stets reflektiert werden.

Als ‚theoretisches Sampling' bezeichnen Glaser und Strauss die forschungspraktische Strategie, eine größtmögliche Anzahl an Perspektiven in die Forschung einzubringen (vgl. Panetta 2013: 55). Als Fluchtpunkt zur Rekonstruktion der Überzeugungsstrukturen der Bundesregierung dienen in der vorliegenden Studie zunächst die Leitlinien von 2017 und das Weißbuch von 2016 als Repräsentanten der gegenwärtigen Außen- und Sicherheitspolitik. Als ‚Fluchtpunkt' gelten diese insofern, als dass im Rahmen des offenen und axialen Kodierens ausdrücklich die Möglichkeit offengehalten werden soll, neues Datenmaterial während der konkreten Forschungspraxis einzubeziehen, um die Kategorien weiter auszudifferenzieren (Stichwort: Offenheit der Forschungspraxis). Werden die Fälle in der Praxis miteinander auf ihre Homogenität verglichen, müssen Jörg Strübing zufolge beim theoretischen Sampling die folgenden beiden Gesichtspunkte berücksichtigt werden. Dies ist zum einen die Sicherstellung, dass überhaupt homogene Fälle im Datenmaterial vorhanden sind. Zum anderen müssen die Kriterien für die Wahl, ob es sich um homogene oder heterogene Fälle handelt, offen dargestellt werden, damit die Relevanz der Vergleiche und Kontrastierungen transparent ist. Die Bildung der Kriterien kann nur während – und nicht vor – dem Theoriebildungsprozess stattfinden, da vorab die Kriterien zu diesem Zeitpunkt noch völlig offen sind (vgl. Strübing 2018: 41).

Ein weiterer bedeutender Aspekt beim theoretischen Sampling ist im Gegensatz zur ‚traditionellen' empirischen Sozialforschung, dass das Wechselspiel aus minimaler und maximaler Kontrastierung kontinuierlich, parallel und auf verschiedenen analytischen Ebenen erfolgt. So können und sollten hier auch Fälle mit Phänomenen verglichen werden, oder wie Jörg Strübing das Vergleichsverfahren treffend zusammenfasst:

> „Geschult an traditionellen Verfahren der empirischen Sozialforschung, in denen ein Fall eine ‚Erhebungseinheit' ist, wird auch das Theoretische Sampling oft so verstanden, als ginge es ausschließlich um die Auswahl von ‚Erhebungseinheiten'. Doch die Unterscheidung von Fällen und Phänomenen erweist sich hier als im Grunde obsolet, denn es geht beim Begriff des Falls immer um eine *relationale* Bestimmung: Wofür ist etwas ein Fall? Welche im Material gefundenen oder neu erhobenen Daten sind als Fälle für welches Phänomen und welches theoretische Konzept des Phänomens zu betrachten? Was ein Fall ist, kann im Verlauf eines Forschungsprojektes immer wieder variieren. Das bedeutet für die analytische Arbeit, dass wir fortwährend und auf unterschiedlichen Ebenen im Material Auswahlen treffen, um Konzepte sowie deren Variationen und Reichweiten zu erarbeiten" (Strübing 2018: 41; Hervorhebung aus dem Original).

3.3.4 Kodierprozess

Offenes Kodieren

Die Praxis einer GT nach Strauss besteht aus einem dreistufigen Kodierverfahren, das auf eine kontinuierliche Erhöhung der theoretischen Komplexität abzielt. So soll im ersten Schritt beim *offenen Kodieren* das Datenmaterial mittels kontinuierlicher Bildung von Arbeitshypothesen ‚aufgebrochen' werden, um daraus die Bildung erster provisorischer Kategorien[22] zu ermöglichen (vgl. Strauss 1991: 57). Das Aufbrechen des Datenmaterials geschieht zunächst über die Auswahl relevanter Materialstücke, die thematische Zugänge für das weitere Vorgehen liefern sollen. Dabei kommt es zu einer Form ‚mikroskopischer Analyse' (vgl. Strauss 2004), indem Zeile für Zeile ein Textstück betrachtet wird. Die kleinschrittig-sequenzielle Betrachtungsweise ermöglicht es, auch Sinndimensionen zu erkennen, die vermeintlich als selbstverständlich wahrgenommen werden. Dabei wird gewissermaßen unter die oberflächlichen Sinnstrukturen eines Textes ‚abgetaucht' und auf diese Weise der Text aufgebrochen. In diesem Kontext werden die Sätze nicht als Ganzes gelesen, sondern in einzelnen Textabschnitten und Worten, die gezielt dem Forschungsproblem folgend befragt werden (vgl. Strübing 2018: 42). Die

---

22 Corbin und Strauss differenzierten zwischen den Begriffen ‚Kategorie' und ‚Konzept', wobei „Konzepte, die sich als dem gleichen Phänomen zugehörig erweisen, [...] so gruppiert [werden], dass sie Kategorien bilden" (Corbin/Strauss 1990: 420). Hier soll aus Gründen der Abstrahierung der Begriff ‚Konzept' mit dem der ‚Kategorie' synonym verwendet werden, da die semantische Trennung der Begrifflichkeiten keinen Einfluss auf das Forschungsvorhaben hat.

Handlungsregeln der Bundesregierung und das identifizierte Problem werden auf diese Weise rekonstruiert und flexibel inventarisiert (vgl. Franke/Roos 2015: 298). Dies wird mittels generativer W-Fragen (Was, Wer, Wo etc.) an die Leitlinien geschehen, die sich aus der Fragestellung und Problemhinführung ableiten (vgl. Panetta 2013: 46). Auf diese Weise werden die Daten ‚zum Sprechen gebracht' (vgl. Strübing 2018: 42). Konkret sind es die folgenden Teil-Fragestellungen, die die eingangs offen formulierte Fragestellung unterstützen sollen:

(a) Wie beschreibt die Bundesregierung Situationen, denen (hohe) Kontingenz unterliegt (wie eingangs in der Problemstellung beispielhaft anhand des Anti-ISIS-Mandats dargestellt)? Welche Metaphern/Sprachspiele nutzt sie dabei, die möglicherweise in den „allgemeinen Sprachgebrauch" (Rorty 2016: 84) übergegangen sind?

(b) Skizziert die Bundesregierung im Umgang mit Kontingenz Problemlösungsmechanismen, die auf ein Bewusstsein für Kontingenz hindeuten? Und wenn ja, auf welche Weise geschieht dies? Welche Rolle spielt dabei ein kontingenzsensibles Bewusstsein über eine „kognitive Ungewissheit" (Geis 2012: 154)? Und/Oder lässt sich ein spielerischer Umgang mit Kontingenz rekonstruieren, der sich auf das Unkalkulierbare und Irrationale der Kontingenz einlässt, um kreativ Gelegenheiten, Chancen und überraschende Momente zu nutzen (vgl. Rüb 2012: 124)?

Exkurs: Memoarbeit während des frühen Forschungsprozesses beim offenen Kodieren

Im Folgenden soll ein früh entstandenes Memo beispielhaft veranschaulichen, welche Fragen an den Text gerichtet werden können, noch weit bevor das theoretische Modell als theoretisch gesättigt zu bezeichnen wäre. Die folgenden Beobachtungen wurden zum Großteil verworfen oder haben sich in dergestalt weiterentwickelt, dass sie mit dem finalen Modell nur noch wenig gemein haben. Hierbei handelte es sich um die ersten Beobachtungen der Überschriften des Inhaltsverzeichnisses im Weißbuch von 2016, die mit dem Ziel gemacht wurden, das Datenmaterial aufzubrechen. Konkret befasste sich das Memo mit dem semantischen Abstraktionsgrad der Überschriften und erste Überlegungen zum Narrativ ‚Verantwortung übernehmen' und ‚früher – entschiedener – substanzieller', nachdem bereits das Inhaltsverzeichnis der Leitlinien von 2017 ‚aufgebrochen' wurde:

> „Der erste Eindruck beim Blick in das Inhaltsverzeichnis des Weißbuchs von 2016 ist, dass die Über- und Teilüberschriften im Gegensatz zu den Leitlinien ein sprachlich höheres Abstraktionsniveau aufzuweisen scheinen. Das Weißbuch verzichtet bei den Kapitelüberschriften gänzlich auf Adjektive mit starker ‚Assoziationskraft' wie *früher – entschiedener– substanzieller* oder *Verant-*

wortung übernehmen in schwierigen Zeiten und verfolgt eher einen ‚zurückhaltenden' Ton. Eine erste Deutung für das hohe Abstraktionsniveau ist, dass das Dokument durch seine abstrakteren Semantiken möglicherweise nicht so schnell veraltet, als es vielleicht seine Vorgänger oder vergleichbare Dokumente tun (würden). Eine Kontrastierung mit älteren Dokumenten dürfte hier aufschlussreich sein, da sich hier zeigen dürfte, ob der abstrakte Charakter charakteristisch für den Dokumententyp Weißbuch ist.

Erste Überlegungen zur Semantik um *Verantwortung* lauten wie folgt: Das *Verantwortungsnarrativ* wird anhand der Überschriften nicht entfaltet – im Gegensatz zu den Leitlinien. Ob dies bedeutet, dass es eine weniger dominante Rolle als die später erschienenen Leitlinien einnimmt, lässt sich an dieser Stelle nur vermuten. Dennoch wird auch hier das Narrativ um eine *Umbruchphase* bemüht [Stichwort: *Krisennarrativ*], also eine Phase hoher Kontingenz, die sich hier als *internationale Ordnung im Umbruch* semantisch ausdrückt [zum Vergleich mit den Leitlinien: *Weltordnung im Umbruch: Verantwortung übernehmen in schwierigen Zeiten*]. Die konkrete Handlungsoption in Form der abstrakten Verantwortungssemantik wird hier indes nicht direkt bemüht. Lediglich in Kapitel 4 „Sicherheitspolitische Gestaltungsfelder Deutschlands" [ebd.] wird unter 4.1 „Nationale Gestaltungsfelder" (ebd.) das Unterkapitel „Verantwortung für Stabilität und Sicherheit des internationalen Umfelds übernehmen" (ebd.) aufgemacht. Da es sich hierbei um ein konkretes „Gestaltungsfeld" (ebd.) handelt, ist die Semantik um die *Übernahme von Verantwortung* durchaus als übergeordnete Handlungsanweisung oder -orientierung zu verstehen, die als eine Reaktion auf Bedingungen erhöhter Kontingenz zurückzuführen sein könnte – einen Eindruck, den auch die Leitlinien von 2017 hinterließen" (Memo in der frühen Phase des Kodierprozesses).

Axiales Kodieren

Infolge des fortschreitenden offenen Kodierens sollten sich die rekonstruierten Handlungsregeln verdichten. Beim *axialen Kodieren* kommt es dann darauf an, die vorliegenden Aufzeichnungen mit neuen angefertigten Interpretationen der Kategorien zu vergleichen. Dabei werden die Daten „‚um die Achse' einer zentralen Kategorie herum" (Strübing 2018: 45) kodiert, indem zunehmend Fragen nach Ursachen, Umständen und Konsequenzen in den Vordergrund treten. Verbindungen zwischen den Kategorien werden bei diesem Kodierschritt weiter „ausformuliert, geschärft, überprüft oder [...] [bei mangelnder Relevanz] verworfen" (Panetta 2013: 49-50). Dieses Vorgehen impliziert, dass der Forschende Entscheidungen treffen muss, welche Kategorien einer weiteren Analyse bedürfen, um diese zu (provisorischen) Kernkategorien auszudifferenzieren. Der Schritt kann als Versuch umschrieben werden, ein „datenbasiertes, phänomenbezogenes und zugleich kohärentes Zusammenhangmodell" (ebd.) auszuarbeiten, das die jeweils fokussierte Kategorie möglichst umfassend erklären kann. Das axiale Kodieren zielt darauf ab, „erklärende Bedeutungsnetzwerke" (Strübing 2018: 45) um die Kategorie herzustellen. Zur intersubjektiven Nachvollziehbarkeit müssen diese Interpretationsschritte stets verschriftlicht werden (vgl. Franke/Roos 2015: 299). Im Gegensatz zum selektiven Kodieren geht es beim axialen Kodieren indes nicht um die Beantwortung der umfassenden Forschungsfrage, sondern um die Zuwendung auf explizit einzelne Vorkommnisse (vgl. Strübing 2018: 46). Dabei entstehen im Prozess „Theorie-Miniaturen" (ebd.), die jeweils im Kern eine begrenzte Erklärungskraft um ein Phänomen aufweisen, die allerdings noch nicht so weit integriert sind, als dass sie die Forschungsfrage in einem befriedigenden Sinne beantworten können.

Selektives Kodieren

Am Ende des Forschungsprozesses wird mittel *selektiven Kodierens* die Analyse auf die konkrete Forschungsfrage orientiert werden, indem „systematisch und konzentriert nach der Schlüsselkategorie kodiert wird" (Strauss 1991: 58). Ziel bei diesem ergänzenden Kodierschritt ist es, die „Konsistenz des theoretischen Zusammenhangsmodells" (Panetta 2013: 52) zu erhöhen, indem die vorherigen Kategorien abermals überprüft werden. So können als Schlüsselkategorien jene dienen, die die vorher gebildeten am ehesten zusammenhalten, d. h., den höchsten „Integrationswert" (ebd.) hinsichtlich des zu erklärenden Phänomens aufweisen, um ein größtmögliches Erklärungspotenzial zu offerieren.

Die Entscheidung für eine Kernkategorie ist demnach maßgeblich für die Betrachtungs- und Interpretationsweise dieser Arbeit verantwortlich. Diese interpretative Leistung gilt es vom Forschenden begründet zu dokumentieren, denn von dieser spannt sich der „rote Faden des theoretischen Modells entlang der übrigen [...] Ergebnisse" (ebd.). Dementsprechend soll mithilfe der Schlüsselkategorien ermöglicht werden, dass die im Laufe der Forschung als besonders grundlegend erwiesenen Elemente der Interpretation Ausgangspunkte für die Zusammenfassung der Befunde darstellen können, die als Grundlage zur Beantwortung der Forschungsfrage dienen (vgl. Franke/Roos 2015: 299-300). Dieser Schritt entspringt dabei weniger den vorher angewandten Verfahren nach den Kodierregeln oder logischen Schlussverfahren, sondern einer ‚guten' Idee, die den Zusammenhang des Modells gewissermaßen ‚entdeckt' (vgl. Strübing 2018: 46).

Durch diesen letzten Kodierschritt werden die gesamten Kategorien und Beziehungen der Analyse in einen konsistenten Theorieentwurf überführt, bei dem die Kernkategorien als „Richtschnur für theoretisches Sampling und Datenerhebung" (Strauss 1991: 63) fungieren. Dafür muss zugleich das gesamte gesammelte Material an Konzepten und Beziehungen noch einmal betrachtet und hinsichtlich der Schlüssel- oder Kernkategorie beleuchtet werden. Das alte Kodiermaterial wird überarbeitet, indem die Schlüssel- oder Kernkategoire neu justiert wird (vgl. Strübing 2018: 46-47).

Grundsätzlich gilt aber bei Verwendung einer GT, dass auch mit Abschluss des selektiven Kodierens das Ergebnis im Sinne eines „prozessuale[n] Verständnis[ses] von Theorie" (vgl. Strübing 2018: 47) als offen und nicht abgeschlossen zu bewerten ist – und dass es sich nicht in Denkkategorien wie richtig oder falsch verorten lässt. Vielmehr soll allerdings die theoretische Konsistenz gegenüber der Forschungsfrage erhöht werden, um die Erkenntnisse letztlich zur Bewältigung praktischer Probleme im Sinne der forschungsleitenden Handlungs- und Problemlösungsfähigkeit des Pragmatismus zu steigern (vgl. ebd.).

3.3.5 Umgang mit (kontingenztheoretischem) Vorwissen

Das Vorwissen hinsichtlich der vorliegenden Studie ist insofern von Relevanz, als dass in der Grounded Theory-Community unterschiedliche Ansichten vertreten werden, die weitreichende Auswirkungen auf den Forschungsprozess haben. So soll theoretisches und praktisches Vorwissen in der vorliegenden Abhandlung und dabei Corbin und Strauss folgend als hilfreiches und produktives Element verstanden werden – im Gegensatz zu einem von Glaser favorisierten rein induktiven Tabula-rasa-Ansatz. Die Begründung dafür liegt primär in zwei Aspekten, die im Folgenden kurz dargestellt werden. Zum einen erscheint die grundsätzlich Annahme illusorisch, dass das Vorwissen eines Forschenden eindeutig vom Untersuchungsgegenstand zu trennen ist. Hier wird dem Forschenden eine gewisse übernatürliche Objektivität eingeräumt, die er so wohl nicht in der Forschungspraxis halten kann. Jörg Strübing vertritt die Ansicht, dass jedwede Tabula-rasa-Modelle bereits an der „Theoriegeladenheit der Sprache" (Strübing 2018: 48) scheitern müssen. Zum anderen soll Vorwissen hier als etwas Nützliches verstanden werden, das den Forschungsprozess nicht behindert, sondern vielmehr die Interpretationen in der qualitativen Sozialforschung positiv unterstützen kann (vgl. Panetta 2013: 59). So gäbe es auch Strübing zufolge ein ganz pragmatisches Argument, weshalb das Vorwissen für die Forschung mittels GT nicht ignoriert werden sollte: „Forscherinnen und Forscher verfügen per se über einschlägiges Wissen in ihrem Forschungsgebiet. Überdies bietet dieses Wissen ein großes Anregungspotential für die Forschung […]" (Strübing 2018: 48). Zu diesem Schluss gelangt auch Ulrich Roos in einer GT-Studie, der bei Nichteinbezug seines Vorwissens befürchtet, dass „der Forscher so auf ein unschätzbares Potential von Interpretationsimpulsen und Vergleichsfolien verzichten würde" (Roos 2010: 85). Diese Ansichten sollen auch in der vorliegenden Studie gelten.

Dabei muss indes zugleich der Modus des Bezugs vom Vorwissen des Forschenden unterschieden werden. Dementsprechend sind das kontingenz*theoretische* Wissen sowie die Annahmen über Strategiebildung und der gegenwärtigen deutschen Außenpolitik mit den Worten von Herbert Blumer als ein ‚sensibilisierendes' Wissen einzustufen. Relevant ist zugleich die Voraussetzung im Umgang damit, dass die Forschenden mit diesem Vorwissen „sich darauf nicht in der Suche nach Antworten, sondern nach Fragen [beziehen]" (Strübing 2018: 48). Es handelt sich hier folglich mit den Worten von Ulrich Roos im Unterschied zu „einem *ausschließlich subsumtionslogisch* orientierten Ansatz" (Roos 2010: 85; Hervorhebungen im Original) um eine „*aufschließende rekonstruktionslogische* Vorgehensweise" (ebd.; Hervorhebungen im Original). Diese Forschungsweise zeichnet sich primär dadurch aus, dass sich der Forschende durch die Ergebnisse seiner Beobachtung überraschen lässt. Aus diesem Grund bedeutet dies für das weitere Vorgehen, dass die Voraussetzung für einen produktiven Umgang mit dem Vorwissen eine permanente Hinterfragung bei gleichzeitiger bewusster und kreativer Handhabung dessen verkörpert. Das Datenmaterial muss demzufolge jederzeit offengelegt und als Deutungsangebot betrachtet werden, da es lediglich *eine* mögliche Interpretationsform unter vielen darstellt. Das heißt, dass die Konzepte und Theorien um Kontingenz nicht etwa als realitätsabbildend betrachtet werden dürfen, sondern vom Forschenden ständig hinterfragt und sensibilisiert in den Interpretationsprozess eingebunden werden (vgl. Panetta 2013: 59).

3.3.6 Ergebnisdarstellung: Die jüngste Erzählung deutscher Außen- und Sicherheitspolitik als Rahmen- und Binnenerzählung

Grundsätzlich gilt bei dem Forschungsstil einer GT, dass sich die Darstellungsform der Ergebnisse nach den zu rekonstruierenden Kategorien richtet (vgl. Panetta 2013: 65). Als eine Herausforderung muss dabei der Spagat gezählt werden, das eigene Vorgehen einerseits intersubjektiv nachvollziehbar offenzulegen und zugleich die Ergebnisse sinnvoll und übersichtlich zu präsentieren. Die Vielzahl entstandener Memos und ihre (inter-)textuellen Verästelungen während des Kodierens lassen eine vollständige Darstellung auch in der vorliegenden Studie aufgrund des begrenzten Raums schlicht nicht zu. Aus diesem Grund soll im Sinne von Strauss und Corbin hier eine beispielhafte Darstellung einzelner Analyseschritte stattfinden (vgl. Corbin/Strauss 2008, zit. nach Panetta 2013: 65-66).

Das rekonstruierte Modell teilt sich in eine ‚Rahmen- und Binnenerzählung' auf.[23] Die sprachliche Anlehnung an die literarische Technik geschieht nicht ohne

---

[23] Die Beschreibung des rekonstruierten Modells als narrative Konstruktion folgt den sprachphilosophischen Überlegungen Rortys. Ein außen- und sicherheitspolitisches Narrativ kann dabei wie folgt verstanden werden: „Gesellschaftliche Sinnkonstruktion ist ein sprachlicher Prozess, der sich in öffentlichen Diskursen vollzieht. Kollektive Identitäten, wie die außenpolitische Identität eines Landes, entwickeln sich in öffentlichen Auseinandersetzungen. Die im Diskurs artikulierten und sich aufeinander beziehenden Aussagen und Behauptungen etwa über die Vergangenheit, die Aufgaben oder die Ziele eines Staates verdichten sich zu [inhaltlich] kohärenten Narrativen" (Hellmann et al. 2008: 22).

Grund, denn während des Kodierprozesses hat sich früh herausgestellt, dass die Bundesregierung ihr Narrativ mehrschichtig, mindestens aber auf zwei Ebenen entfaltet. Die erste Narrativebene (der Rahmen) umgibt dabei gewissermaßen die zweite Ebene der Binnenerzählung und ist ihr strukturell sowie inhaltlich übergeordnet. Die Unterscheidung beider Ebenen kann anhand des Grads des Abstraktionsniveaus des verwendeten Vokabulars erfolgen. Dabei kann die Rahmenerzählung zusammengefasst werden als *Verantwortung übernehmen*[24], verkörpert sie doch das dominante Narrativ, das die strategischen Grundlagendokumente rahmt. Das dabei verwendete Vokabular weist einen hohen Grad der Abstraktion auf, sodass sich Veränderungen bestmöglich im diachronen Vergleich, d. h. mittels Kontrastierung älterer Dokumente, ermitteln lässt. Die Semantik[25], die dabei zum Vorschein kommt, kann als Grundüberzeugungen verstanden werden, die mitunter als essentiell für die deutsche Außen- und Sicherheitspolitik kommuniziert werden. Bereits kleinere Veränderungen innerhalb der Semantik im diachronen Vergleich dürfen dabei als weitreichende Veränderungen der Überzeugungsstrukturen deutscher Außen- und Sicherheitspolitik gedeutet werden. Aus diesem Grund fokussierte sich der Rekonstruktionsprozess auf das Leitbild der Leitlinien von 2017 (Kap. 2) und das sicherheitspolitische Selbstverständnis im Weißbuch von 2016 (Kap. 1). Eben hier werden die abstrakten Semantiken deutscher Außen- und Sicherheitspolitik sichtbar, da sie das Selbstverständnis der Bundesregierung anleiten.

---

24 Hier sei zur Schreibweise angemerkt, dass die untersuchte Sprache des Untersuchungsgegenstands nach gängiger sprachwissenschaftlicher Praxis kursiv veranschaulicht wird (vgl. Kessel/Reimann 2012: 1). In diesem Beispiel ist die Semantik um *Verantwortung übernehmen* Gegenstand der wissenschaftlichen Betrachtung und wird entsprechend kursiv gesetzt. In Abgrenzung dazu werden die Überzeugungsstrukturen, (Denk-)Kategorien, Eigenbegriffe oder sonstige sprachliche Betonungen in einfache Anführungszeichen gesetzt. Direkte Zitate werden wie üblich in doppelte Anführungszeichen gesetzt. Die Unterscheidung der Schreibweisen ist insofern sinnvoll, als dass diese Arbeit einen starken sprachanalytischen Zugriff hat, der wiederum die Überzeugungsstrukturen der Kommunizierenden erklären soll. Auf diese Weise wird die Trennung zwischen den Ebenen gewährleistet.

25 Die ‚Semantik' ist ein Teilbereich der Linguistik, der sich mit „den Bedeutungen und mit der Klärung von Bedeutungsbeziehungen" (Kessel/Reimann 2012: 153) von Wörtern und Zeichen beschäftigt.

Demgegenüber beschäftigt sich die Binnenerzählung um die drei Adjektive im Komparativ *früh(er), entschieden(er), substanziell(er)*[26] mit den konkreten Maßnahmen und Instrumenten auf der Ebene der Handlungsoptionen. Das Vokabular hier weist im Gegensatz zur Rahmenerzählung ein deutlich geringeres Abstraktionsniveau auf, soll es doch zeigen, wie die Grundüberzeugen konkret in die Praxis umgesetzt werden (sollen). Im Kontrastierungsverfahren offenbaren sich Veränderungen vor allem dadurch, dass das Instrumentarium erweitert, ersetzt oder gänzlich neu ist. Dabei ist zugleich auch stets die Rückkoppelung mit der Rahmenerzählung *Verantwortung übernehmen* relevant, da sie von ihr angeleitet wird.

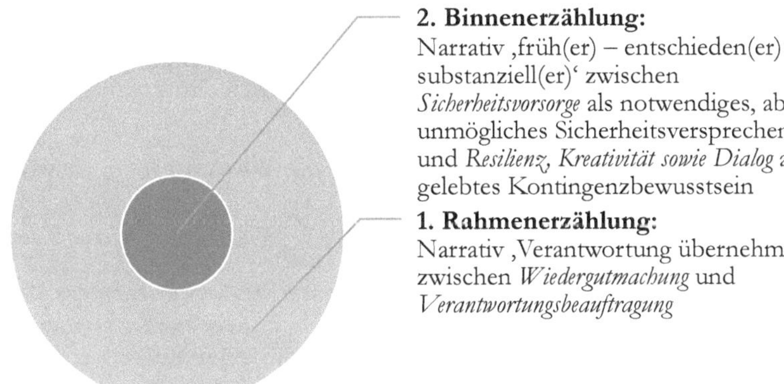

Abbildung 2: Zusammenfassende Darstellung der Rahmenerzählung um ‚Verantwortung übernehmen' und der Binnenerzählung um ‚früh(er) – entschieden(er) – substanziell(er)' im jüngsten Narrativ bundesdeutscher Außen- und Sicherheitspolitik.

---

[26] Die Begründung, weshalb das deklinierende Suffix in Klammerschreibweise gesetzt ist, wird in Kap. 5.1. weiter ausgeführt.

4 Rahmenerzählung ‚Verantwortung übernehmen' zwischen *Wiedergutmachung* und *Beauftragung*

4.1 Narrativ um *Verantwortung übernehmen* als Reaktion auf Bedingungen erhöhter Kontingenz

Selten ist die Debatte um die Perspektiven und den Standort einer ‚neuen'[27] deutschen Außenpolitik in der jüngeren Geschichte der Bundesrepublik derart eindeutig datierbar, wie es gegenwärtig der Fall ist. Der sog. ‚Münchener Konsens' als Schulterschluss des ehemaligen Außenministers Steinmeier, der Bundesverteidigungsministerin von der Leyen sowie des damaligen Bundespräsidenten Gauck auf der Münchener Sicherheitskonferenz 2014 bezeichnet eine konsensuale Neuausrichtung einer deutschen Außen- und Sicherheitspolitik, die ihren Ausdruck semantisch in dem Wortpaar *Verantwortung übernehmen* findet.[28] So zeigt auch ein erster Blick in das Inhaltsverzeichnis der Leitlinien die Bemühungen der Bundesregierung, das Narrativ um *Verantwortung übernehmen* dort zu entfalten. Bereits das erste der vier Kapitel trägt die Semantik in sich und beschreibt zugleich die Agenda der Handlung:

> „Weltordnung im Umbruch: Verantwortung übernehmen in schwierigen Zeiten" (Leitlinien 2017: Kap. 1).

Hier wird zugleich deutlich, auf welche Weise die Bundesregierung das Verantwortungsnarrativ rechtfertigt. Dafür skizziert sie ein *krisenhaftes* Narrativ ihres Handlungsumfelds (die „Weltordnung" [ebd.]), das aufgrund der „schwierigen Zeiten" (ebd.) im „Umbruch" (ebd.) sei. Anhand der Semantiken sind die übergeordneten Handlungs- und Gestaltungsanweisungen der Agenda der Bundesregierung zu erkennen.

Bei der Kontrastierung mit dem Weißbuch tritt zutage, dass sich die Kapitelüberschriften im Inhaltsverzeichnis mit konkreteren Handlungsanweisungen auffallend zurückhalten. Doch auch hier wird eine *krisenhafte* Erzählung bemüht, die lautet: „Internationale Ordnung im Umbruch" (Weißbuch 2016: Unterkap. 2.1). Die Vokabel *Umbruch* signalisiert an dieser Stelle, dass die internationale Ordnung nicht dergestalt weiterbestehen wird, wie dies bisher der Fall war. Die Handlungsanweisung in Form der Semantik um *Verantwortung übernehmen*

---

[27] Dass dabei das ‚Neue' in der Debatte nicht unbedingt derart neu ist, wie das Adjektiv zunächst impliziert, legt Gunther Hellmann dar, der Parallelen zu vorherigen Debatten um die sog. Wiederbewaffnung Mitte der 1950er-Jahre, die ‚Entspannungspolitik' unter Willy Brandt sowie den ‚deutschen Weg' nach der Absage an einer Beteiligung am Irak-Krieg 2003 sieht (vgl. Hellmann 2016).

[28] Vgl. zur jüngsten außenpolitischen Debatte den Sammelband von Wolfgang Ischinger und Dirk Messner (2017): Deutschlands neue Verantwortung: Die Zukunft der deutschen und europäischen Außen-, Entwicklungs- und Sicherheitspolitik.

wird hier indes deutlich zurückhaltender formuliert. Lediglich im vierten und zugleich letzten Kapitel innerhalb des ersten Teils des Weißbuchs mit dem Titel „Sicherheitspolitische Gestaltungsfelder Deutschlands" (ebd.) wird in Unterkapitel „4.1 Nationale Gestaltungsfelder" (ebd.) ein weiteres Kapitel mit dem Titel „Verantwortung für Stabilität und Sicherheit des internationalen Umfelds übernehmen" (ebd.) aufgeführt.[29] Die Parallelen der Semantik innerhalb der beiden Grundlagendokumente überwiegen bei der unterschiedlichen Gewichtung dennoch. Auch hier ist *Verantwortung übernehmen* als übergeordnete Handlungsanweisung zu verstehen und wird an das internationale Handlungsumfeld im Kontext von Krisenhaftigkeit adressiert, da sich lediglich auf diese Weise die Verwendung des Sprachspiels verstehen lässt.

Aus einer kontingenzsensiblen Prämisse kann die jüngste Erzählung der deutschen Außenpolitik als ‚Turning Point'[30] umschrieben werden. Die Außenpolitik der Bundesrepublik kann als eine „zeitorientierte Reaktion auf Kontingenz" (Rüb 2012: 124) verstanden werden, wobei die jüngste Erzählung um *Verantwortung übernehmen* als eine Reaktion auf die Dynamisierungs- und Umbruchsprozesse verstanden werden kann. So darf hier angenommen werden, dass die bundesdeutsche Außen- und Sicherheitspolitik die Semantik um *Verantwortung übernehmen* insofern verwendet, als dass die Reaktion der Bundesregierung dabei auf die Wahrnehmung einer grundsätzlich steigenden Ungewissheit im Handlungsumfeld zurückgeht, der sie mit einer aktiveren Rolle zu begegnen versucht. *Verantwortung übernehmen* darf dabei als ein abstraktes, weitestgehend sinnentleertes Sprachspiel verstanden werden (Stichwort: leerer Signifikant[31]), das beschreibt,

---

29 Der Blick in das Inhaltsverzeichnis des Weißbuchs hinterlässt den Eindruck, dass die Über- und Teilüberschriften im Gegensatz zu den Leitlinien ein grundsätzlich höheres sprachliches Abstraktionsniveau aufweisen. Eine mögliche Deutung ist erstens, dass das Dokument durch die abstraktere Semantik ein geringeres Verfallsdatum haben soll, damit es gewissermaßen ‚langlebiger' ist. Das letzte Weißbuch ist im Jahr 2006 erschienen und liegt damit zehn Jahre zum aktuellen Weißbuch zurück. Der Vorgänger dessen von 1994 weist gar einen Zeitunterschied von zwölf Jahren auf. Im Gegensatz dazu verpflichtet sich die Bundesregierung in den Leitlinien, bereits nach vier Jahren einen Bericht zur Umsetzung der Leitlinien vorzulegen sowie nach acht Jahren grundsätzlich zu überprüfen, ob dies angepasst werden müsste (Leitlinien 2017: 144). Zweitens kann aus einer kontingenztheoretischen Perspektive das generell hohe Abstraktionsniveau als Eingeständnis verstanden werden, dass strategische Entwürfe wie das Weißbuch bei konkreten Aussagen nicht den Herausforderungen beschleunigter Komplexität gerecht werden können. An konkreten Aussagen müsste sich das Weißbuch dann messen lassen, wobei das Weißbuch dabei aus kontingenztheoretischer Perspektive nur scheitern kann. Trifft diese Vermutung zu, ist hier eine kontingenzsensible Semantik zu erkennen, die sich der grundsätzlichen Fiktion von Eindeutigkeit und Alternativlosigkeit bewusst ist (vgl. Toens/Willems 2012: 12).

30 Vgl. zu der Rolle von ‚Turning Points' bei kontingenzsensibler Forschung Knöbl 2012: 84-85.

31 Ein leerer Signifikant ist aus diskurstheoretischer Perspektive, wie sein Name bereits sagt, ein Signifikant ohne Inhalt (vgl. Laclau, Ernesto 2002: 65-78). Bezogen auf die vorliegende Arbeit, kann er als eine Art ‚kleinster gemeinsamer semantischer Nenner' bezeichnet werden, der

wie die Bundesregierung ihren Umgang mit den erhöhten Kontingenzen ihres Handlungsumfeldes zu pflegen gedenkt.

4.2 Begriffsannäherung Verantwortung übernehmen

Um zunächst eine semantische Annäherung an das Narrativ der Bundesregierung um *Verantwortung übernehmen* zu erhalten, hilft ein Blick in ein Wörterbuch weiter. Im Digitalen Wörterbuch der deutschen Sprache (DWDS) der Berlin-Brandenburgischen Akademie der Wissenschaften, einer der größten Online-Datenbanken der deutschen Sprache, sind die folgenden etymologischen Informationen zum Begriff der *Verantwortung* zu entnehmen. Das Substantiv *Antwort* und das Verb *antworten* sind ursprünglich als „Gegenrede" (*Verantwortung* auf DWDS) oder „widersprechen" (ebd.) zu verstehen, die sich aus dem „Präfix *ant-* ‚[ent]gegen'" (ebd.) heraus entwickelten. Aus dem Verb *antworten* hat sich ein unmittelbarer Bezug zur Rechtssprache hergestellt. Hieraus erwuchs das Verb *verantworten*, das mit „Folgen für etwas tragen", „einstehen" aber auch mit „verteidigen [vor Gericht]" (ebd.) semantisch erweitert wurde. Zur Zeit der Aufklärung im 18. Jahrhundert fand *Verantwortung* dann auch außerhalb eines rechtlichen Vokabulars Verwendung und ging in den allgemeinen Sprachgebrauch über. Fortan bedeutet es allgemein, dass man für seine „Handlungen und Entscheidungen einstehen muss" (ebd.) und eine „Bereitschaft/Verpflichtung haben sollte, Verantwortung zu tragen" (ebd.).

Die allgemeinere Bedeutung von *Verantwortung* gilt in weiten Teilen noch heute. So wird die Semantik hier allerdings vordergründig auf zwei Ebenen entfaltet, die der Duden als Repräsentant des allgemeinen Sprachgebrauchs und ihrer Rechtschreibung anbietet. So wird *Verantwortung* erstens definiert als eine

> „[mit einer bestimmten Aufgabe, einer bestimmten Stellung verbundenen] Verpflichtung, dafür zu sorgen, dass (innerhalb eines bestimmten Rahmens) alles einen möglichst guten Verlauf nimmt, das jeweils Notwendige und Richtige getan wird und möglichst kein Schaden entsteht" (*Verantwortung* auf Duden online).

Der Begriff *Verantwortung* wird hier als eine „Verpflichtung" (ebd.) begriffen, für etwas „zu sorgen" (ebd.). Dabei sind zwei Charakteristika dieser Begriffsbestimmung von Interesse. Zum einen muss das verantwortliche Subjekt aktiv werden, um erst verantwortlich handeln zu können. So leitet sich aus diesem Verständnis eine direkte Handlungsanweisung für das Subjekt ab, für verantwortliches Handeln Sorge zu tragen. Ein möglicher Schaden kann abgewendet werden, indem

---

versucht, die vollkommenen, aber letztlich unmöglich abzubildenden Überzeugungsstrukturen der Außen- und Sicherheitspolitik der Bundesrepublik semantisch abzubilden.

sich das Subjekt verpflichtet, das „Notwendige und Richtige" (ebd.) zu tun. Dies kann zugleich als primäre Rechtfertigungsfolie für außen- und sicherheitspolitische Entscheidungen dienen, um die Handlungen zu legitimieren, da es äußerst fragwürdig erscheint, ob ein politischer Akteur – gleichwohl welcher politischer Couleur – offen eingestehen würde, bewusst verantwortungslos zu handeln.

Offen bleibt an dieser Stelle freilich, was das *Notwendige* oder *Richtige* semantisch ‚ausbuchstabiert' bedeuten würde. Aus einer kontingenzsensiblen Perspektive fällt ins Auge, dass sich die Semantik der beiden Substantive außerhalb des kontingenzsensiblen Bereichs des *Möglichen* bewegt. Die beiden Substantive entsprechen semantisch dem Bereich des *Notwendigen* des Luhmann'schen Kontingenzbegriffs („was weder notwendig ist noch unmöglich ist" [Luhmann 1975: 171]). So kann dem Verantwortungsbegriff einerseits zwar bereits in seiner semantischen Bestimmung im allgemeinen Sprachgebrauch ein kontingenzverschließendes Moment unterstellt werden, das sich in seinem ‚verpflichtenden' Charakter ausdrückt und sich fernab eines Möglichkeitsbewusstseins konstituiert. Da aber andererseits die Bedeutung über das, was *notwendig* oder was *richtig* ist, offenbleibt, scheinen die Gesamtbedeutung des Verantwortungsbegriffs und damit auch seine abgeleiteten Handlungsanweisungen wieder im offenen Möglichkeitsbereichs der Kontingenz zu sein. Letztlich hängt es folglich von den politischen Akteuren im Kampf um die semantische Deutungshoheit ab, zu bestimmen, was *notwendig* oder was *richtig* ist. Unter kontingenzsensiblen Prämissen gibt es in diesem Kampf schließlich keine Letztbegründungen, sondern der Kampf um die Deutungshoheit ist – dabei dem Pragmatismus folgend – an die konkrete soziale Situation der handelnden Akteure gebunden. So lässt sich an dieser Stelle festhalten, dass dem Begriff der *Verantwortung* ein ambivalentes Momentum innewohnt, das sowohl als kontingenzoffen aber auch -verschließend zu beschreiben ist. Die Begrifflichkeit *Verantwortung* ist demzufolge stets situativ zu bestimmen und lässt keine verallgemeinerbaren Aussagen zu.

Zum anderen ist die Semantik um *Verantwortung* in der o. g. Textstelle in die Zukunft gerichtet. Der verpflichtende Charakter der Verantwortung beginnt im Hier und Jetzt und trägt dementsprechend erst ab diesen Zeitpunkt dafür Sorge, dass „alles einen möglichst guten Verlauf nimmt" (ebd.). Interessanterweise richtet im Gegensatz dazu das zweite Bedeutungsangebot des Wörterbuchs seinen Blick in die Vergangenheit. So kann *Verantwortung* auch als die

> „Verpflichtung, für etwas Geschehenes einzustehen [und sich zu verantworten]" (*Verantwortung* auf Duden online) verstanden werden.

Der Begriff *Verantwortung* erweitert hier mithin zugleich seine räumliche und zeitliche Dimension um „etwas Geschehenes" (ebd.). So ist für die Bedeutungskonstituierung neben das ‚Hier und Jetzt' auch das ‚Dort und Damals' des *Geschehenen* relevant. Ein handelnder außenpolitischer Akteur, der an die konkrete

Situation seines verantwortungsvollen Handelns im Hier und Jetzt gebunden ist, orientiert sich demzufolge implizit auch an Handlungen aus der Vergangenheit.

Besonders für den deutschen außenpolitischen Diskurs um Verantwortung scheint diese Semantik um *Verantwortung* von Bedeutung, dürfen doch die Verfehlungen der jüngeren deutschen Geschichte fest im kollektiven Gedächtnis der handelnden außenpolitischen Akteure verankert sein. Aus einer kontingenzsensiblen Perspektive wird durch diese semantische Erweiterung um das *Geschehene* eine zusätzliche *Notwendigkeit* addiert, die die „Freiheit und Autonomie" (Geis 2012: 144) eines kontingenten Möglichkeitsbewusstseins einschränkt. Die Handlungszwänge unter dem Gesichtspunkt von Historizität im Allgemeinen und den Verfehlungen der jüngeren deutschen Geschichte im Besonderen können damit nur anwachsen. Dieser Befund der allgemeinen Begriffsannäherung lässt sich auch dem jüngsten Narrativ der Bundesregierung rekonstruieren, wie das folgende Unterkapitel zeigt.

4.3 Verantwortung als *Wiedergutmachung*

Ein zentrales Charakteristikum innerhalb des jüngsten Narrativs *Verantwortung übernehmen* der Bundesregierung besteht darin, dass die Semantik eine stark aufgeladene normative Dimension aufweist, die auf die Verfehlungen der jüngeren deutschen Geschichte und die Folgen des Zweiten Weltkrieges zurückzuführen sind. Die NS-Verbrechen und ihre Folge können als eine hochgradige Kontingenzerfahrung beschrieben werden, die eine spezifisch deutsche Form der *Wiedergutmachung* herausgebildet hat, die auch das jüngste Narrativ der deutschen Außen- und Sicherheitspolitik um das Begriffspaar *Verantwortung übernehmen* mitprägt (vgl. theoretische Überlegungen zu hochgradigen Kontingenzerfahrungen Joas, Hans [2012]: 36).

Eine zentrale Konsequenz für die Strategiebildung ist, dass die bundesdeutsche Außenpolitik innerhalb der Rahmenerzählung um *Verantwortung übernehmen* ihren Blick in die Vergangenheit wirft, indem sie sich mit dem bereits Geschehenen unter einer handlungspolitischen Prämisse befasst, die sich unter den Schlagwörtern ‚historische Schuld Deutschlands' subsumieren lassen. Die Semantik um die *historische Verantwortung* kann in diesem Kontext als eine Art der *Wiedergutmachung* interpretiert werden, die ihre Bedeutung primär aus dem ‚Dort und Damals' bezieht, aber im ‚Hier und Jetzt' konstituiert. So müssen die politischen Akteure unter Zwängen handeln, die sich als semantische Notwendigkeiten ausdrücken und folglich auch als Semantik der *Zurückhaltung* rekonstruieren lassen. Die notwendige *Zurückhaltung* schränkt aus einer kontingenztheoretischen Perspektiven zunächst die Freiheit und Autonomie eines kontingenten Möglichkeitsbewusstseins und damit auch die Handlungsoptionen der Akteure ein. Dementsprechend erscheint die Erzählung von *Wiedergutmachung* zunächst als eine kontingenzverschließende Semantik innerhalb des Narrativs.[32]

Gleichwohl kann im Folgenden aber auch gezeigt werden, dass die tendenziell eher kontingenzverschließende Semantik um *Wiedergutmachung* im jüngsten Narrativ von der Bundesregierung gewissermaßen ‚genutzt' wird, um das Narrativ *Verantwortung übernehmen* zu legitimeren. Hier hat offenkundig eine Umdeutung der Semantik um *Wiedergutmachung* stattgefunden. Statt das Narrativ der historischen *Verantwortung als Wiedergutmachung* zu nutzen, um außen- und sicherheitspolitisch *zurückhaltend* zu agieren, fungiert hier das Vokabular um *Verantwortung übernehmen* vielmehr dazu, Handlungsräume zu öffnen und diese zu rechtfertigen. Aus kontingenztheoretischer Perspektive handelt es sich um eine geschickte Öffnung von semantischen Möglichkeitsräumen, indem die Semantik um *Verantwortung übernehmen* als Katalysator für die Handlungen dient. In den Weißbüchern hingegen lässt sich beobachten, dass mittels einer deutlich abstrakteren Semantik die Möglichkeitsräume offener und damit die Handlungsmöglichkeiten größer sind. Der Blick ist von vornherein weitaus stärker in die Gegenwart und Zukunft des Hier und Jetzt gerichtet, da fast gänzlich auf das *wiedergutmachende Vokabular* verzichtet wird.

4.3.1 Leitlinien 2017: *Wiedergutmachung* als spezifisch deutsche Kontingenzerfahrung

Dass die jüngste Erzählung eine stark normative Semantik um die Vokabel *Wiedergutmachung* aufweist, verdeutlicht der einleitende Satz aus dem einseitigen Leitbild der Bundesregierung in den Leitlinien (Kap. 2). Zunächst ist festzuhalten, dass das Leitbild selbst als politischer Öffnungsprozess der Bundesregierung verstanden werden kann, der die Grundprinzipien ihres Handelns festlegt. So beschreibt die Bundesregierung die hohe Bedeutung des Leitbildes für ihr Handeln wie folgt:

> „Dieses Leitbild legt die Grundprinzipien dar, nach denen die Bundesregierung ihre Handlungsansätze und Instrumente sowie angemessene Strukturen und Partnerschaften für die Friedensförderung gestaltet" (Leitlinien 2017: 44).

Demzufolge kommt der gut einseitigen Textpassage eine besondere Relevanz zu, da diese als Eckpfeiler des Narrativs der Bundesregierung fungiert, um weitere Handlungen daraus abzuleiten. Aus einer kontingenztheoretischen Perspektive

---

32 Hier sei angemerkt, dass die historischen ‚Zwänge' und die daraus resultierende kontingenzverschließende Semantik an dieser Stelle keine politische Haltung über das Für und Wider ebenjener zum Ausdruck bringen sollen.

liefern „Grundprinzipien“ (ebd.) Stabilität und grundlegende Orientierung, da hier bewusst Kontingenzen unterdrückt werden.

Semantik um Verfehlungen der NS-Zeit und Schuld

> „Aus den Trümmern zweier Weltkriege und dem Zivilisationsbruch der Shoah erwachsen, hat sich die Bundesrepublik Deutschland in den Dienst des Friedens gestellt“ (Leitlinien 2017: 44).

Die o. g. Sequenz repräsentiert den einleitenden Satz des Leitbildes. Bereits an ihrer Position innerhalb des Textes deutet sich die Relevanz an, die sie für das gesamte Narrativ der bundesdeutschen Außen- und Sicherheitspolitik besitzt. Auffallend an der Textstelle ist zugleich, dass dem Vokabular hier gewissermaßen ein ‚emotionalisierender‘ Charakter mitschwingt. Die Verwendung von Semantiken um „Trümmer zweier Weltkriege“ und „Zivilisationsbruch der Shoah“ (ebd.) konstituieren *emotionalisierend* Bedeutung. Auf inhaltlicher Ebene bedienen die beiden Textpassagen Semantiken und Bedeutungszusammenhänge, die in der deutschen Diskurs- und Debattenlandschaft gemeinhin als nicht verhandelbar gelten. „Shoah“, „Weltkriege“, „Trümmern“ und „Zivilisationsbruch“ (ebd.) können als Vokabeln bezeichnet werden, deren Gemeinsamkeit darin besteht, dass sie semantisch mit den Verfehlungen der NS-Zeit in Verbindung gebracht werden. So ist die semantische Verbindung von *Trümmern* und *Weltkriege* durchaus als eng zu bezeichnen, da mit ihr auch stets assoziative Sprachbilder von deutschen ‚*Trümmer*städten' oder die sog. ‚*Trümmer*frauen' mitschwingen, die im kollektiven Gedächtnis der Bundesrepublik bis heute ihren festen Platz haben. Ferner sind beide Substantive Neologismen, die es in der Form nur in der deutschen Sprache gibt, da sie ursächlich auf den Zweiten Weltkrieg zurückgehen. Die Semantik um *Shoah* ist gar ein eigens eingeführter Eigenbegriff aus dem Hebräischen, der den Völkermord an den Juden in Deutschland zur Zeit des Nationalsozialismus dezidiert benennt. Die semantische Verknüpfung zwischen dem *deutschen Nationalsozialismus* einerseits und der *Massenvernichtung der Juden* andererseits markiert einen gar unauflöslichen Fixpunkt, der den semantischen Kern des Begriffs bestimmt. Aus diesem Grund existiert auch lediglich die Verwendung des Substativs mit einem bestimmten Artikel: Es lautet immer nur ausschließlich *die* Shoah – und nicht *eine* Shoah. Auch im Wörterbuch lässt sich diese enge semantische Verbindungen nachzeichnen. Demnach ist die Shoah die

> „[zur Zeit der nationalsozialistischen Herrschaft] Massenvernichtung der Juden in Deutschland und Europa“ (*Shoah* auf Duden online).

Semantisch lässt der Begriff mithin weitestgehend keine Interpretationsräume zu, die Möglichkeiten für alternative Handlungsmöglichkeiten evozieren würden. Ein politischer Akteur ist in seiner Handlung bei Verwendung der dezidierten Semantik von *Shoah* notwendig an die normative Bedeutung gebunden. Er ist in einem Zustand der *wiedergutmachenden* ‚Verantwortlichkeit' aufgrund der hochgradigen historischen Kontingenzerfahrung, indem er der eigenen Geschichte gegenüber Rechenschaft ablegen muss. In dieser Lesart lässt sich vordergründig eine Semantik erkennen, die ihre Bedeutung um *Wiedergutmachung* konstituiert. Dementsprechend muss die Verwendung der Semantiken, die ihre Bedeutungen um oder aus der Zeit des Nationalsozialismus heraus konstituiert, stets als ‚Sprachspiele'[33] innerhalb der Überzeugungsstrukturen der Bundesregierung interpretiert werden, die aus der hochgradigen Kontingenzerfahrung aus der jüngeren Geschichte Deutschlands heraus entstanden sind.

Problematisch unter kontingenzsensiblen Aspekten ist am wi*edergutmachenden Verantwortungsnarrativ*, dass an dieser wesentlichen Textstelle des Leitbilds ein Vokabular durchschimmert, das tendenziell eher als kontingenzverschließend zu beschreiben ist, da es die Möglichkeitsräume und damit auch die Handlungsmöglichkeiten einschränkt. Die abgeleitete, normativ aufgeladene Handlungsanweisung zur *Wiedergutmachung* lässt wenig Raum für das ‚Andersmögliche' (also das, was zwischen Notwendigkeit und Unmöglichkeit ist), da die Handlung *notwendiger*weise mit dieser Semantik in Einklang gebracht werden muss. Die Reaktion auf unerwartete Kontingenz muss sich zunächst auch stets innerhalb der normativen Ordnung um die Semantik von *Verantwortung als Wiedergutmachung* bewegen. Dies kann als folgenschwerer Nachteil betrachtet werden, um einen spielerischen Umgang mit Kontingenz zu gestalten (Stichwort: virtù).

Zugleich sind hier auch Konflikte mit anderen Subjekten (Staaten) denkbar, die Widerstände gegenüber diesem unveränderlich erscheinenden Verantwortungsbegriff für sich reklamieren. Die Bundesregierung postuliert einen ihr inhärenten absoluten Wahrheitsanspruch ihres Handelns um das semantische Feld von *Verantwortung* von *Wiedergutmachung*, das unverrückbar und nicht verhandelbar erscheint. Mögliche außen- und sicherheitspolitische Aushandlungsprozesse mit anderen Staaten werden bei dieser Lesart im Vorhinein verhindert. Die semantische Fixierung auf die hochgradige Kontingenzerfahrung der jüngeren deutschen Geschichte durch die folgenschweren Verfehlungen der NS-Zeit hat das deutsche Geschichtsbild gewissermaßen ‚gesprengt' (vgl. Joas 2012: 36), sodass Kontingenz fortan um dieses Ereignis als *Wiedergutmachung* gebündelt und ausgerichtet wurde. Aus diesem Grund sind unter diesen kommunikativen Bedingungen grundlegende Veränderungen der Handlungs- und Gestaltungsanweisungen, die mit der Normativität der Semantik um *Wiedergutmachung* brechen würden, kaum bis überhaupt nicht vorstellbar.

---

33 Hier sei zur Klarstellung angemerkt, dass die Vokabel ‚Sprachspiel' im Sinne der sprachphilosophischen Überlegungen Richard Rortys verwendet wird (vgl. Rorty 2016: 84) und keineswegs die Gräueltaten zur Zeit des Nationalsozialismus relativieren sollen.

Semantik um *Wiedergutmachung* als Katalysator für Handlungen

In der Erzählung der Bundesregierung offenbart sich indes ein besonderer rhetorischer ‚Kniff', der das Narrativ der *Wiedergutmachung* in seiner Semantik umdeutet und wiederum neue Möglichkeitsräume eröffnen lässt. Besonders auffallend ist dabei eine Textstelle in den Leitlinien. Hierbei handelt es sich um einen Einschub mittels eines Zitats von Simon Adams, einem externen Experten des ‚Global Centre for the Responsibility to Protect':

> „Deutschlands Fähigkeit, eine größere globale Rolle zu spielen, ergibt sich nicht nur aus seiner beträchtlichen wirtschaftlichen Stärke und seiner Erfahrung als großer Geber in der internationalen Entwicklungszusammenarbeit, sondern auch aus seiner tragischen Vergangenheit" (Simon Adams in den Leitlinien 2017: 44).

So lässt sich hier erahnen, dass die Bundesregierung dieses Zitat nicht zufällig gewählt hat. Gerade hier betont Adams die Motivation für eine aktivere Außen- und Sicherheitspolitik Deutschlands über die Stärkung des Narrativs der *Wiedergutmachung*. Damit pointiert Adams die Möglichkeit zur Öffnung des Möglichkeitsraums, statt beide Entitäten als Gegensatzpaare zu betrachten. Obwohl er zugleich die ökonomische Stärke und das Engagement in der Entwicklungspolitik nennt, hebt er die Perspektive Deutschlands und seine „tragische Vergangenheit" (ebd.) hervor, um daraus eine gezielte Handlungsanweisung abzuleiten: „Deutschlands Fähigkeit, eine größere globale Rolle zu spielen" (ebd.). Die räumliche und zeitliche Fixierung auf die Vergangenheit, die sich aus der hochgradigen Kontingenzerfahrung aus der NS-Zeit ergibt, wird von Adams genutzt, um den Blick in die Gegenwart und Zukunft des Hier und Jetzt zu richten, sodass ein Mehr an außenpolitischen Handlungenmöglichkeiten legitimiert wird.

Dass die Bundesregierung dieses Zitat als Einschub nutzt, ist wohlmöglich darauf zurückzuführen, dass die Verknüpfung beider Semantiken zu stark normativ aufgeladen ist, sodass in der Folge die Bundesregierung hier selbst eine gewisse Distanz aufbaut. Bei der Lektüre der Sequenz entsteht mitunter der Eindruck, dass die Aussage von Adams zwar von der Bundesregierung als begrüßenswert erachtet wird (sonst würde dem Zitat auch nicht der Raum in Leitlinien eingeräumt), sie sich aber selbst nicht in der Lage sieht, die Semantik um eine *aktivere Rolle Deutschlands* und *Wiedergutmachung* zu verknüpfen. Eine Lesart bestünde hier darin, dass die Befürchtungen der Bundesregierung zu groß dahin gehend sind, es könne der Eindruck entstehen, dass sie die Verfehlungen der Vergangenheit instrumentalisiert und bewusst (aus-)nutzt, um das zunehmende Engagement zu rechtfertigen. Die Zitation eines Externen schafft hier einerseits eine ‚wünschenswerte Distanz' zur inhaltlichen Dimension der Semantik und kann zugleich andererseits als Versuch gelesen werden, sich an das semantische ‚Neuland' heranzutasten.

4.3.2 Weißbuch 2016: Eine weniger *wiedergutmachende* Semantik

Zwischen den beiden Grundlagendokumenten sind gleichermaßen gravierende Unterschiede hinsichtlich des Grades der Emotionalisierung im Narrativ der *Wiedergutmachung* zu beobachten. Während in den Leitlinien die Verfehlungen der jüngeren Geschichte emotionalisierend benannt werden (Stichwörter: ‚Trümmern zweier Weltkriege' und ‚Zivilisationsbruch der Shoah'), hält sich das Vokabular im Weißbuch vergleichsweise auffallend zurück. Hier wird vielmehr eine sachlichere und abstraktere Semantik durch die Bundesregierung bemüht. So heißt es im sicherheitspolitischen Selbstverständnis als übergeordnete Handlungsanweisung:

> „Unser sicherheitspolitisches Selbstverständnis ist geprägt durch die Lehren aus unserer Geschichte" (Weißbuch 2016: 22).

Hier ist zunächst auffällig, dass die Semantik des Weißbuchs in seiner Tonalität im direkten Vergleich mit den Leitlinien sprachlich nicht nur quantitativ in Form der geringeren Anzahl der Wörter ‚abrüstet', sondern vielmehr bemüht ist, in zurückhaltender Art und Weise zu kommunizieren. So wird in der Sequenz eine Semantik um „die Lehren aus unserer Geschichte" (ebd.) entfaltet, die den konkreten Sachverhalt um Semantiken der *Shoah* oder die Benennung des *Zweiten Weltkriegs* nicht weiter ausbuchstabiert. Dies erweckt den Eindruck, dass mittels sprachlicher Zurückhaltung eine Distanz zu der Thematik aufgebaut werden soll.

Semantik um Lehren aus der Vergangenheit im Weißbuch 2016

Die „Lehren aus unserer Geschichte" (Weißbuch 2016: 22) können als wiederaufkommendes Sprachspiel interpretiert werden, das zwar inhaltlich die Verfehlungen der NS-Zeit benennt, da es diese zum Gegenstand macht, sie aber semantisch abstrahiert. Die Verfehlungen werden hier nicht konkret benannt (im Gegensatz zur Semantik um die *Shoah* in den Leitlinien), sondern stattdessen im Ungefähren gelassen. Das Sprachspiel ähnelt in nicht unbeträchtlicher Weise der Phrase im allgemeinen Sprachgebrauch, *Lehren aus der Vergangenheit ziehen*, das eine weitaus abstraktere Semantik in sich birgt. Das für die Bedeutung des Sprachspiels wesentliche Substantiv „Geschichte" (ebd.) nimmt dabei gewissermaßen die Funktion eines leeren Signifikanten ein, der ohne Kontextualisierung weitestgehend sinnentleert ist. Das Sprachspiel ist im allgemeinen Sprachgebrauch allumgänglich und in nahezu allen Gesellschaftsfeldern denkbar – auch ohne konkreten Bezug auf die Zeit des Nationalsozialismus. Auf diese Weise erfährt das Sprachspiel eine semantische Entladung seiner Normativität, sodass der Blick stärker in die Gegenwart des Hier und Jetzt gerichtet werden kann. Da in der Sequenz keine weiteren Attribute oder sonstigen sprachlichen Bestimmungen mit der NS-Zeit angeboten werden (bspw. Ausdrücke wie *Verfehlungen*, *Gräueltaten*, *Schrecken* etc.), bleibt die Semantik in ihrer Gänze recht unscharf. Obwohl das Dokument beinahe zeitgleich mit den Leitlinien erschienen ist und beide Dokumente als Ausdruck des jüngsten Narrativs deutscher Außen- und Sicherheitspolitik dienen, darf dies nichtsdestotrotz als grundlegender Unterschied hinsichtlich der grundlegenden semantischen Ausrichtung beider Dokumente gewertet werden.

Semantik um die Erfahrungen der deutschen und europäischen Geschichte im Weißbuch 2006

Der Kontrastierungsprozess mit dem Vorgängerdokument von 2006 zeigt ein Ergebnis, das die grundsätzliche abstrahierende Tendenz der verwendeten Semantik in den Weißbüchern bestätigt und auch verstärkt. Die folgende Sequenz ist Unterkapitel „1.3 Werte, Interessen und Ziele deutscher Sicherheitspolitik" (Weißbuch 2006: 24) entnommen, das auch hier das sicherheitspolitische Selbstverständnis der Bundesregierung als Ausdruck grundlegender Überzeugungsstrukturen abbildet. Diese Sequenz kann folglich als adäquat zu den vorher interpretierten Sequenzen der Leitlinien und dem Weißbuch 2016 betrachtet werden:

> „Zu den Konstanten gehören die geografische Lage Deutschlands in der Mitte Europas und die Erfahrungen der deutschen und europäischen Geschichte, die weltweite Verflechtung als Handels- und Industrienation ebenso wie internationale Verpflichtungen, die sich insbesondere aus unserer Mitgliedschaft in den Vereinten Nationen, der Europäischen Union und der NATO ergeben" (Weißbuch 2006: 24).

Bemerkenswert an der Textstelle ist hier im unmittelbaren Vergleich, dass die semantische Distanzierung zu den Verfehlungen des Nationalsozialismus deutlich ausgeprägter ist. So werden zum einen die spezifisch deutschen Erfahrungen des Zweiten Weltkriegs mit ganz Europa in Verbindung gebracht: „die Erfahrungen der deutschen und europäischen Geschichte" (ebd.). Dafür scheint abermals ein handlungspolitisches Kalkül verursachend zu sein. Auch hier hat die semantische Positionierung offenkundig den ‚Vorteil' für die Entscheidungsfindung, das Narrativ um *Wiedergutmachung* nicht weiter spezifizieren zu müssen und demzufolge nicht ihren daraus resultierenden handlungspolitischen Zwängen folgen zu müssen, indem das *Geschehene* semantisch auch auf die europäische Ebene verlagert wird. Aufgrund der *verallgemeinernden* Semantik um *Wiedergutmachung* spielen die handlungspolitischen Notwendigkeiten eine kaum bedeutende Rolle.

Zum anderen sticht an der Sequenz im Vergleich zum Weißbuch 2016 und den Leitlinien von 2017 heraus, dass das Narrativ der *Wiedergutmachung* in einer Aufzählung mit zahlreichen Satzfragmenten eingebettet ist, die jeweils eigene Sprachspiele mit eigenen Thematiken repräsentieren. So werden als Eckpfeiler bundesdeutscher Sicherheitspolitik zugleich geografische Gegebenheiten („Mitte Europas" [ebd.]), ökonomische Charakteristiken („weltweite Verflechtung als

Handels- und Industrienation" [ebd.]) und die internationalen Verpflichtungen aus Mitgliedschaften in den „Vereinten Nationen, der Europäischen Union und der NATO" [ebd.]) aufgezählt. Hier scheint die Gewichtung um das Narrativ der *Wiedergutmachung* mit ebenjenen in ihrer Bedeutung hinsichtlich ihrer semantischen Priorisierung gleichauf zu sein. Im Weißbuch von 2016 und den Leitlinien von 2017 hingegen wurde das Narrativ in einem für sich alleinstehenden Satz gewürdigt, der zugleich auch noch an erster Stelle steht.

So darf zusammenfassend ein grundsätzlich höherer Abstraktionsgrad innerhalb der Semantik um das Narrativ *Wiedergutmachung* in beiden Weißbüchern festgehalten werden, wobei das Weißbuch von 2016 einen konkreteren Umgang mit der Semantik pflegt. An dieser Stelle lässt sich (lediglich) die Vermutung anstellen, dass die ressortspezifische Semantik des BMVg und das von ihr kommunizierte sicherheitspolitische Selbstverständnis einer abstrakteren Logik folgen.[34] Aus einer kontingenztheoretischen Perspektive – so lässt sich dies mit Sicherheit festhalten – schaffen die abstrakteren Semantiken tendenziell eher Möglichkeitsräume, da sie die Handlungen und ihre Rechtfertigungen zunächst deutlich vereinfachen. Der Umgang mit dem Unerwarteten und das Unkalkulierbare gestalten sich aus dieser Position heraus einfacher. Hier wird offenkundig bewusst die Perspektive der Vergangenheit über das Geschehene des ‚Dort und Damals' (weitestgehend) ignoriert, um den Blick vollständig auf die sicherheitspolitische Kontingenz der Gegenwart und Zukunft des ‚Hier und Jetzt' zu richten.

4.4 Verantwortungs*beauftragung*

Das zweite zentrale Charakteristikum im Narrativ *Verantwortung übernehmen* lautet, dass aufgrund eines immer kontingenter werdenden außen- und sicherheitspolitischen Handlungsumfelds die Semantik um *Verantwortung* an Deutschland herangetragen wird. So scheint hier in erster Linie eine Form der *Verantwortungsbeauftragung* das entscheidende Merkmal zu sein, anhand dessen es sich von dem vorher dargelegten intrinsischen Narrativ der *Verantwortung als Wiedergutmachung* abzugrenzen scheint. Zugleich darf diese *Verantwortung* in dem Narrativ der Bundesregierung als eine neuartige Form der *Verantwortung* umschrieben werden, da sie sich grundlegend von früheren strategischen Ausgangssituationen unterscheidet. Während die normative intrinsische *Verantwortung als Wiedergutmachung* vordergründig auf die NS-Verbrechen der jüngeren deutschen Geschichte rekurriert, ist die *Verantwortungsbeauftragung* als eine extrinsische Reaktion auf ein kontingenter werdendes Handlungsumfeld und ihre neuen (Macht-

---

34 Eine tiefergehende Kontrastierung des Abstraktionsgrades hinsichtlich der verwendeten Semantik müsste in einer weiteren Forschungsarbeit mit eigenständiger Fragestellung gewürdigt werden.

)Verhältnisse zu deuten. Dies hat zur Folge, dass sich die räumlichen und zeitlichen Bezugspunkte für die Handlungs- und Gestaltungsanweisungen der Bundesregierung maßgeblich verschoben haben. Dementsprechend wird in den Grundlagendokumenten ein Narrativ entfaltet, das fast ausschließlich seinen Blick in die Gegenwart und Zukunft des Hier und Jetzt wirft und zugleich auf eine globale Handlungsebene verlagert.

Die Treiber der *Verantwortungsbeauftragung* der Bundesrepublik sind dabei auf zweierlei Ebenen auszumachen – wenngleich beide eine Gemeinsamkeit teilen: ihre Machtbezogenheit. Zum einen sind die Erosionserscheinungen im internationalen Handlungsumfeld auszumachen. Dabei veranlasst das von Krisen und Konflikten geprägte Umfeld die Bundesregierung, ein Narrativ von *Krisenhaftigkeit* zu entfalten. Die als allgemeine Zunahme an Kontingenz antizipierte Umwelt – geprägt von Machtdiffusion und Multipolarität (im Vokabular realistischer Denkschulen) – wird von der Bundesregierung mit der Ausgestaltung einer aktiveren Rolle beantwortet, die sich als die *Übernahme von Verantwortung* im jüngsten Narrativ der Bundesregierung abbildet.

Zum anderen wird eine eigene gestärkte (Macht-)Position der Bundesrepublik in den Grundlagendokumenten kommuniziert (auch hier im Vokabular des Realismus), auf die die Bundesregierung mit der *Übernahme von Verantwortung* reagiert. Dabei erweckt dies zugleich den Eindruck, dass von außen eine Forderung zur Übernahme von *Führungsverantwortung* auf die Bundesregierung einwirkt, die sich als ein Zustand der *Verantwortlichkeit* gegenüber anderen Staaten im Narrativ abbildet. Diese *Verantwortung* kann gar als eine Form der *Fürsorgeverantwortung*[35] gegenüber diesen Staaten verstanden werden, bei der sich Deutschland bereiterklärt, außen- und sicherheitspolitische *Führung* zu übernehmen – in dieser Form ein Novum in der jüngeren außen- und sicherheitspolitischen Historie der Bundesrepublik.

4.4.1 *Verantwortungsbeauftragung* aufgrund von Krisen

In der Fortführung der Ausführungen des Leitbilds in den Leitlinien legt die Bundesregierung ihre Motivation für ihr Handeln dar. Dieses Narrativ öffnet sich der Kontingenz ihres Handlungsumfeldes, indem sie sich von den Verfehlungen der

---

[35] Auch Gunther Hellmann greift den Begriff der *Fürsorgeverantwortung* auf, den er sich bei Hans Joas entleiht. Dabei stellt Hellmann im Kontext der deutschen Verantwortungspolitik eine semantische Beziehung zwischen dem Begriff der *Verantwortung* und dem Begriff der *Macht* her: „Hans Jonas, der wohl einflussreichste moderne Verantwortungstheoretiker, hat diese interne Verbindung im Blick auf eine Fürsorgeverantwortung gegenwärtiger gegenüber künftigen Generationen auf den Punkt gebracht, als er forderte, dass angesichts der technologisch revolutionären Eingriffe des Menschen in die Schöpfung ‚die gesamte Biosphäre des Planeten dem hinzugefügt worden ist, wofür wir verantwortlich sein müssen, weil wir Macht darüber haben'" (Hellmann 2017).

jüngeren deutschen Geschichte und ihrer hochgradigen Kontingenzerfahrung loszulösen versucht. Dabei entfaltet sie zunehmend ein *Krisennarrativ*, das wie folgt eröffnet wird:

> „Dem Friedensauftrag des Grundgesetzes gerecht zu werden bedeutet heute, in Anbetracht zahlreicher Krisen, neuer geopolitischer Konfliktlinien und einer zunehmenden Infragestellung globaler und regionaler Ordnungsstrukturen stärker international Verantwortung für Frieden, Freiheit, Entwicklung und Sicherheit zu übernehmen" (Leitlinien 2017: 44).

In dieser Sequenz legt die Bundesregierung dar, dass das Handlungsumfeld, in der sie sich gegenwärtig bewegt, semantisch von *Krisen*, *geopolitischen Konflikten* und einer *Unordnung des internationalen Systems* geprägt ist. Besonders auffällig ist an der zitierten Sequenz, dass die Bundesregierung für ihr Handeln eine Art *Beauftragung* ableitet, die von einer verrechtlichten Friedenssemantik durch das Grundgesetz ausgeht. Auf diese Weise erteilt sich die Bundesregierung über den „Friedensauftrag des Grundgesetzes" (ebd.) die Ermächtigung, aufgrund der perzipierten *Krisenhaftigkeit* und *Weltunordnung*[36] „stärker international Verantwortung für Frieden, Freiheit, Entwicklung und Sicherheit zu übernehmen" (ebd.). Zugleich konstruiert die Bundesregierung einen semantischen Dualismus, dass das *Krisennarrativ* gewissermaßen als ‚antagonistischer Gegenspieler' zur eigenen Friedensagenda positioniert. Dabei scheinen sich Um- bzw. Weiterdeutungen vom intrinsischen Narrativ der *Wiedergutmachung* zu einer anderen Erzählung mit handlungspolitischen Öffnungstendenzen aufzutun. Anhand der wechselseitig bedingten Semantiken um das *Grundgesetz* und *Frieden* einerseits sowie das *Krisennarrativ* und der daraus abgeleiteten *Verantwortungsbeauftragung* andererseits lassen sich diese Veränderungen innerhalb der Überzeugungsstrukturen veranschaulichen.

Umdeutung der semantischen Verbindung von *Grundgesetz und Frieden*

Dementsprechend birgt die semantische Verbindung von *Grundgesetz* und *Frieden* in der o. g. Sequenz aus den Leitlinien Veränderungen innerhalb der Deutungshoheit der Überzeugungsstrukturen der Außen- und Sicherheitspolitik der Bundesrepublik. Während der Rekurs auf die *Friedenssemantik des Grundgesetzes* qua Entstehungskontextes kurz nach dem Ende des Zweiten Weltkriegs eher als intrinsisch zu bezeichnen ist, wohnt der Semantik um *Frieden in den strategi-*

---

36 Vgl. zum Begriff der ‚Weltunordnung' bspw. aus einer (neo)realistischen Perspektive und populärwissenschaftlich zugespitzt: Masala, Carlo (2016): Weltunordnung: Die globalen Krisen und das Versagen des Westens.

schen Grundlagendokumenten zunehmend ein dynamisierendes und kontingenzoffenes Moment inne. Hier entsteht offenkundig ein wachsendes semantisches Konfliktpotenzial, das von der *Friedenssemantik des Grundgesetzes* einerseits und der *Friedenssemantik innerhalb der strategischen Grundlagendokumente* andererseits ausgeht. Die Bedeutung von *Frieden* in den Grundlagendokumenten ist relational und extrinsisch ausgerichtet, da sie mit ihrer Umwelt stets auch rückgekoppelt ist. *Frieden* kann in der semantischen Konstruktion der Bundesregierung nur gewährleistet werden, wenn das Handlungsumfeld von Deutschland befriedet ist. Der semantische Blick ist hier notwendigerweise nach außen gerichtet. Demgegenüber ist die *Friedenssemantik im Grundgesetz* als höchste geltende Rechtsnorm in Deutschland als Reaktion auf die negativen Kontingenzerfahrungen mit der NS-Zeit zu deuten, demzufolge ihr ein starker Blick in die Vergangenheit inhärent ist. So zeigte der Kodierprozess, dass der „Friedensauftrag des Grundgesetzes" (Leitlinien 2017: 44.) in der Einleitung der Leitlinien von 2017 weiter ausbuchstabiert wurde, wobei hier ein Bezug zur Präambel des Grundgesetzes hergestellt wird:

> „Im Bewusstsein seiner Verantwortung vor Gott und den Menschen, von dem Willen beseelt, als gleichberechtigtes Glied in einem vereinten Europa dem Frieden der Welt zu dienen […]" (Präambel des GG in den Leitlinien 2017: 10).

Interessanterweise findet offenkundig bereits hier die Semantik um *Verantwortung* im deutschen außen- und sicherheitspolitischen Narrativ um 1949 Verwendung. Auch ein Einschub auf derselben Seite eines Zitats aus einer Rede Willy Brandts aus dem Jahr 1981 verdeutlicht den Vergangenheitsbezug der Semantik von *Verantwortung* und *Frieden*:

> „‚Der Frieden ist nicht alles, aber alles ist ohne den Frieden nichts.' Mit diesem kurzen Satz brachte der ehemalige Bundeskanzler Willy Brandt in einer Rede 1981 eine Einsicht auf den Punkt, die gerade auch aus der deutschen Geschichte des 20. Jahrhunderts erwächst und für unser Land dauerhaft Mahnung und Auftrag ist" (Leitlinien 2017: 10).

Die Zitation Brandts von der Bundesregierung ist dabei sicherlich nicht zufällig, ist doch eben er es gewesen, der mit dem Kniefall am Mahnmal der NS-Verbrechen an die Juden in Polen ein Symbol der Erinnerungskultur geschaffen hat – selbstredend neben den Bemühungen der ‚Neuen Ostpolitik'. Auf der darauffolgenden Seite der Leitlinien bekräftigt die Bundesregierung abermals ihre Motivation für ihr Engagement zum *Frieden*, die semantisch mit der „historischen Erfahrung" (ebd.: 11) in Verbindung gebracht wird:

> „Die Förderung des Friedens in der Welt gehört vor dem Hintergrund unserer historischen Erfahrung zu den zentralen Staatszielen, die das Grundgesetz deutscher Politik vorgegeben hat" (Leitlinien 2017: 11).

Die Semantik um *Verantwortung* bezieht sich hier mithin auf den Erhalt des *Friedens* und legitimiert sich vordergründig aus der Semantik eines vergangenheitsbezogenen Narrativs.

Semantik um Frieden in ‚Rückkoppelung' mit der Welt

Doch während im Entstehungskontext des Grundgesetzes im Jahr 1949 die „Verantwortung vor Gott und den Menschen" (ebd.) zweifellos der jüngsten Erfahrung des NS-Zeit galt, hat sie heute eine signifikante Weiterdeutung erfahren. Dies lässt sich an und um die Semantik des Begriffs *Frieden* und seiner Rückkoppelung mit „der Welt" (ebd.) feststellen, da sich die Semantik maßgeblich erweitert hat. Der in den Leitlinien skizzierte „Friedensauftrag" (ebd.: 44) dient nicht mehr als einziger Katalysator für das außen- und sicherheitspolitische Engagement. Vielmehr scheint es so, dass die Semantik um Frieden eine Diversifizierung erfahren hat. Neben der Vokabel *Frieden* rücken als Handlungsantreiber auch immer weitere Semantiken um *Freiheit*, *Entwicklung* und *Sicherheit* in den Fokus bundesdeutscher Außen- und Sicherheitspolitik – so auch in der o. g. Sequenz der Leitlinien, in der die Handlungsanweisung für die Bundesregierung lautet, „stärker international Verantwortung für Frieden, Freiheit, Entwicklung und Sicherheit zu übernehmen" (Leitlinien 2017: 44). Ebenjene Substantive strukturieren zugleich auch semantisch das auf das Leitbild folgende Unterkapitel 2.1 „Warum wir handeln: Verantwortung für Frieden, Freiheit, Entwicklung und Sicherheit" (ebd.: 45) und die damit einhergehenden konkreten Handlungsanweisungen.

Auch auf den Folgeseiten erhärtet sich der Verdacht, dass sich die *Friedenssemantik* ausdifferenziert hat. Hier wird das gegenwärtige Verständnis von Frieden von der Bundesregierung eben dafür in einer gesonderten Textbox dargestellt:

> „Frieden beginnt mit der Abwesenheit organisierter, physischer Gewaltanwendung. Er kann jedoch nur nachhaltig sein, wenn weitere Elemente wie politische und soziale Teilhabe, Rechtstaatlichkeit sowie die Achtung, der Schutz und die Gewährleistung der Menschenrechte hinzukommen. Nachhaltiger Frieden ist überall dort gegeben, wo Menschen unabhängig von ihrer Herkunft und ihren Lebensumständen in ihren unveräußerlichen Rechten geachtet werden und die Freiheit haben, ihr Leben selbstbestimmt zu gestalten" (Leitlinien 2017: 45).

Demzufolge beginnt die Minimaldefinition der gegenwärtigen Semantik um *Frieden* „mit der Abwesenheit organisierter, physischer Gewaltanwendung" (ebd.). Danach folgt indes eine semantische Ausbuchstabierung davon, was in den Augen der Bundesregierung notwendig ist, um *nachhaltigen Frieden* zu gewährleisten. Dazu gehören Semantiken um *Freiheit* der Menschen („Leben selbstbestimmt zu gestalten" [ebd.]), aber auch entwicklungspolitische Ziele, die partizipatorische und legitimierende Elemente des politischen Systems beinhalten: „politische und soziale Teilhabe, Rechtstaatlichkeit sowie die Achtung, der Schutz und die Gewährleistung der Menschenrechte" (ebd.). Zugespitzt formuliert: Die Semantik um *Frieden* ist in den Überzeugungsstrukturen der Bundesregierung nicht ausschließlich mit ihrer Abwesenheit zu erklären, sondern weist eine differenziertere Semantik auf.

Im Kontrastierungsverfahren mit dem Weißbuch von 2016 zeichnet sich ein ähnliches Bild hinsichtlich einer zunehmend *differenzierteren Friedenssemantik* ab. So lässt sich zwar auch hier ein Bekenntnis zum Grundgesetz rekonstruieren, indem – identisch zu den Leitlinien – die Präambel des Grundgesetzes genannt wird. Zugleich zeigt sich aber auch, dass der Begriff um *Frieden* semantisch um ein *umfassendes Sicherheitsverständnis* erweitert wird:

> „In der Präambel des Grundgesetzes bekennt sich Deutschland zu seinem Willen, ‚als gleichberechtigtes Glied in einem vereinten Europa dem Frieden der Welt zu dienen'. Entsprechend umfassend ist unser Sicherheitsverständnis: Es geht um mehr als die Abwesenheit von Krieg und die Sicherheit unseres Landes und seiner Bürgerinnen und Bürger" (Weißbuch 2016: 22).

Hier ist vor allem der letzte Teil der Sequenz für den Kodierprozess entscheidend, da sich die semantische Erweiterung von *Frieden* im Satzglied „Es [sic] geht um mehr […]" (ebd.) ausdrückt. Das Satzglied beschreibt offenkundig einen Bruch mit einer Erwartungshaltung, die zu einem früheren Zeitpunkt noch gegolten hat, allerdings den zunehmenden Komplexitätsanforderungen gegenwärtiger Sicherheitspolitik nicht mehr gerecht zu werden scheint. Kontrafaktisch geschlussfolgert, lässt sich der Sequenz entnehmen, dass es früher offenkundig noch ausreichte, das aus dem Friedensauftrag des Grundgesetzes abgeleitete ‚einfache' Sicherheitsverständnis in Form von „Abwesenheit von Krieg und die Sicherheit unseres Landes und seiner Bürgerinnen und Bürger" (ebd.) zu gewährleisten. Heute scheint diese binäre Logik zwischen der Semantik um *Krieg* und *Frieden* einer höherwertigen Logik zu weichen. Das Adverb „mehr" (ebd.) in der Sequenz drückt aus, dass die Trennung beider Entitäten nicht *mehr* aufrechtzuerhalten ist, sodass hier neue handlungspolitische Möglichkeitsräume als Ausdruck eines *umfassenden Sicherheitsverständnisses* eröffnet werden müssen.

Die Kontrastierung mit dem Weißbuch von 2006 veranschaulicht, dass die Semantik um *Frieden* hier noch einer vergleichsweise einfachen Logik folgt. Die folgende Sequenz soll dafür beispielgebend sein:

> „Die Sicherheitspolitik Deutschlands wird von den Werten des Grundgesetzes und dem Ziel geleitet, die Interessen unseres Landes zu wahren [...]“ (Weißbuch 2006: 24).

Diese ‚Einfachheit‘ drückt sich insofern aus, als dass die Bundesregierung sich darin zu „den Werten des Grundgesetzes“ (ebd.) bekennt, dabei aber ‚nur‘ auf die „Interessen unseres Landes“ (ebd.) rekurriert. Hier offenbart sich eine starke intrinsische, d. h. lediglich auf Deutschland bezogene Semantik, die im diachronen Vergleich mit den gegenwärtigen Dokumenten mitunter als wenig komplex zu bezeichnen ist. Semantiken um ein *umfassendes Sicherheitsverständnis* wie im Weißbuch 2016 sind nicht rekonstruierbar.

Semantik um positiven Frieden und Multilateralismus

Bei genauerer Betrachtung findet sich auch eine Antwort darauf, woher die Bundesregierung ihr ‚neues‘ Vokabular um die Semantik *Frieden* bezieht. So findet sich dafür ein Vokabular, das sich um die Semantik *positiver Frieden* konstituiert:

> „Unser Engagement wird angeleitet von der langfristigen Vision eines positiven Friedens, die über die Abwesenheit von Krieg weit hinaus reicht“ (Leitlinien 2017: 10).

Die Frage, was die Bundesregierung konkret unter einem „positiven Frieden“ (ebd.) versteht, wird wenige Seiten weiter beantwortet. Die Antwort veranschaulicht in deutlicher Weise die gegenwartsbezogene und sich den Kontingenzen öffnende Semantik des Begriffs *Friedens*. Die Semantik adaptiert die Bundesregierung aus der 2015 verabschiedeten Agenda 2030 der Vereinten Nationen (VN):

> „Deutsche Außen-, Sicherheits- und Entwicklungspolitik folgt der Vision eines positiven, nachhaltigen Friedens, wie sie in der Agenda 2030 für nachhaltige Entwicklung der Vereinten Nationen Ausdruck gefunden hat“ (Leitlinien 2017: 45).

Ferner heißt es dazu weiter:

> „Ein solcher Frieden ermöglicht ein würdevolles Leben und nachhaltige Entwicklung. Nur wo Frieden herrscht und Menschen gleichberechtigt in Sicherheit leben können, schöpfen sie ihr volles Potenzial aus. Frieden öffnet Räume für freies Denken, politische Teilhabe, kulturelles Schaffen, wirtschaftliches Wachstum, soziale Gerechtigkeit und ökologisches Handeln. Und umgekehrt gilt: Ohne nachhaltige Entwicklung kann es keinen dauerhaften Frieden ge-

ben. Diesen Frieden gilt es im Innern und nach außen zu sichern. Wir begreifen Frieden als höchstes Gut internationaler Beziehungen und sehen das in der VN-Charta verankerte allgemeine Gewaltverbot als unverzichtbares Fundament jeder internationalen Ordnung" (Leitlinien 2017: 45).

An diesen Sequenzen tritt nun die Semantik eines „positiven, nachhaltigen Friedens" (ebd.), die ‚neue' *Friedenssemantik*, zutage. Die Semantik um *Frieden* öffnet sich der Kontingenz globaler Politik über die Vereinten Nationen (VN) und adaptiert kontextuelle Semantiken rund um die Leitsemantiken *Frieden*, *Freiheit*, *Entwicklung* und *Sicherheit* in ihr außen- und sicherheitspolitisches Leitbild. Aus kontingenztheoretischer Sicht darf dies als ein offener Umgang mit dem Neuen gewertet werden, da sie sich nicht der Kontingenz anderer Semantiken verschließt, sondern sich öffnet. Das heißt, dass hier eine ursprünglich aus der hochgradigen Kontingenzerfahrung der NS-Zeit in das Grundgesetz von 1949 übergegangene Semantik von *Frieden* eine Weiterdeutung erfahren hat, die ihre Perspektive vielmehr auf die Herausforderungen und Chancen des Handlungsumfeldes der Gegenwart im Hier und Jetzt legt.

Die Semantik um *Frieden* im gegenwärtigen Narrativ der Bundesregierung erfährt mithin eine Weiterdeutung, indem sich der Begriff nach außen öffnet und semantisch erweitert. Dies darf mitunter als Anpassungsprozess innerhalb der Semantik der Bundesregierung gewertet werden, die auf ein zunehmend komplexer und damit kontingenter werdendes Handlungsumfeld zurückzuführen ist. Die Semantik der Bundesregierung öffnet sich hier der Kontingenz ihres Handlungsumfelds auf globaler Ebene, indem sie das *multilaterale* Vokabular adaptiert.

4.4.2 *Führungsbeauftragung* (europäischer) Partnerstaaten

Darüber hinaus zeigt sich innerhalb des gegenwärtigen Narrativs, dass die Bundesregierung ihre *Beauftragung zur Übernahme von Verantwortung* aus ihrem Handlungsumfeld aus einer *Verantwortungshaltung gegenüber Vertrags- und Partnerstaaten sowie Drittstaaten* ableitet. Hier kommt nun den Partnerstaaten und Akteuren im internationalen Handlungsumfeld eine bedeutende Rolle zu, die vordergründig mit einer *gestärkten (Macht-)Position Deutschlands* begründet wird. Daraus öffnen sich für die Bundesregierung neue Möglichkeitsräume, die sich in einer Komplexitätszunahme ihrer Handlungsoptionen und Kontingenz ausdrücken.

Semantik um *Führung und Macht* innerhalb der EU

So zeigt sich die Erweiterung der Semantik der Bundesregierung in den Leitlinien auch hier im Kapitel ‚Leitbild' innerhalb der Leitlinien, da hier Möglichkeitsräume semantisch konkretisiert werden:

> „Deutschland ist der bevölkerungsreichste Mitgliedstaat der Europäischen Union, ein Land mit hoher politischer Stabilität und einer engagierten Zivilgesellschaft. Deutschland ist auf allen Ebenen und in vielfältiger Weise international vernetzt und genießt an vielen Orten der Welt hohes Ansehen als glaubwürdiger Partner. Unser Wohlstand beruht nicht zuletzt auf der internationalen Verflechtung der deutschen Wirtschaft. Die Folgen von Krisen und Konflikten – vor allem in der Nachbarschaft Europas – betreffen uns daher direkt. Durch Krisenprävention, Konfliktbewältigung und Friedensförderung kommt die Bundesregierung somit auch ihrer Verantwortung für die Sicherheit und das Wohl Deutschlands und seiner Bürgerinnen und Bürger nach" (Leitlinien 2017: 44).

In der zitierten Sequenz zeichnet sich ab, was sich in dem neuesten Narrativ der Bundesregierung wie ein roter Faden durch die gesamten Grundlagendokumente zieht. Es ist zu erkennen, dass die Semantik ein kooperatives Verständnis aufweist, das hier vor allem um die *Europäische Union* erzählt und begründet wird. Die Bundesregierung leitet den Satz interessanterweise damit ein, dass Deutschland „der bevölkerungsreichste Mitgliedstaat der Europäischen Union" (ebd.) sei. Die semantische Verknüpfung von *Europäischer Union* und *Deutschland* ist Ausdruck zum Bekenntnis der Mitgliedschaft. Zugleich bedient sie sich einer machtbezogenen Kategorie im semantischen Feld, indem sie auf ihre Größe innerhalb der EU rekurriert („bevölkerungsreichster Mitgliedstaat" [ebd.]). Indem sich die Bundesregierung auf die Bevölkerungsstärke beruft, entfaltet sie bewusst eine machtbezogene Semantik im Kontext der EU. Bevölkerungsgröße ist in den Überzeugungsstrukturen der Bundesregierung offenkundig gleichbedeutend mit Macht. So hat Deutschland seit der Wiedervereinigung mit über 80 Millionen Einwohnern die größte Bevölkerung aller europäischer Mitgliedstaaten. Hier kann ein Anzeichen eines Führungsanspruchs herausgelesen werden, folgt der Satz doch direkt auf das zentrale Handlungsmotiv, „stärker international Verantwortung für Frieden, Freiheit, Entwicklung und Sicherheit zu übernehmen" (ebd.). Dass sie dies in der Form tut, demonstriert, dass sie selbstbewusst und offen ihre Größe zur Schau stellt. Zugleich sieht sie aber offenkundig davon ab, die Semantik um *Verantwortung übernehmen* in einem Satz mit der Größe Deutschlands als Semantik um *Macht* in Verbindung zu bringen. In Anbetracht des bisherigen Kodierprozesses der weiter oben dargelegten Semantik um *Wiedergutmachung* ist diese Tonalität als durchaus offensiv zu bewerten.[37]

---

[37] Hier sei angemerkt, dass der Aktionsplan von 2004 kein eigenes Kapitel aufweist, in dem die Bundesregierung das Leitbild ihres Handelns offenlegt. Der Aktionsplan listet hingegen vielmehr das Instrumentarium auf, das beim außenpolitischen Engagement zum Einsatz kommt. Aus diesem Grund ist der Aktionsplan auch grundsätzlich weniger dazu geeignet, abstraktere

Auch im Weißbuch von 2016 zeichnet sich das semantische Bild eines Deutschlands mit *europäischem Führungsanspruch* ab. So stellt die Bundesregierung bereits im dritten Satz ihres sicherheitspolitischen Selbstverständnisses eine starke semantische Verbindung mit Europa her, indem eine äußerst enge Verknüpfung der deutschen und europäischen „Identität“ (Weißbuch 2016: 22) beschrieben wird, die als „untrennbar“ (ebd.) stilisiert wird:

> „Gleichzeitig ist die deutsche Identität untrennbar verbunden mit der europäischen“ (Weißbuch 2016: 22).

Hier wird eine Ebene angesprochen, die die Werteverbundenheit Deutschland mit den europäischen Staaten ausdrückt. Dieser Formulierung wohnt durchaus etwas Essentielles bei. Der Aufmachung der Semantik um *Identität* wohnt etwas Unveränderbares bei, da auch – kontrafaktisch geschlussfolgert – Erzählungen um alternative Handlungsmöglichkeiten deutscher Außen- und Sicherheitspolitik sichtlich erschwert scheinen, solange die Semantik Vokabeln wie „untrennbar“ (ebd.) verwendet. Was die Bundesregierung unter einer engen Beziehung zwischen EU und Deutschland versteht, konkretisiert sie im folgenden Absatz des Weißbuchs 2016:

> „Deutschland ist ein in hohem Maße global vernetztes Land, das aufgrund seiner wirtschaftlichen, politischen und militärischen Bedeutung, aber auch angesichts seiner Verwundbarkeiten in der Verantwortung steht, die globale Ordnung aktiv mitzugestalten. Deutschland wird zunehmend als zentraler Akteur in Europa wahrgenommen. Diese Wahrnehmung schafft ihre eigene Realität – im Sinne wachsender Handlungsmöglichkeiten, aber auch mit Blick auf die daraus resultierende Verantwortung“ (Weißbuch 2016: 22).

In dieser Sequenz sticht zunächst das Vokabular heraus, das die Bedeutung von *Wirtschaft*, *Politik* und *Militär* beschreibt. So ist die Lesart hier, dass die Semantiken als Rechtfertigungsgrundlage genutzt werden, um die aktivere Rolle Deutschlands – das „in der Verantwortung steht“ (ebd.) – zu legitimieren. Die Semantik ist Ausdruck einer Selbstwahrnehmung einer gestärkten (Macht-)Position der Bundesrepublik innerhalb der EU, in der hier im neorealistischen Vokabular die strukturellen Bedingungen der ‚Capabilities‘ *Wirtschaft*, *Politik*, *Militär* auf Akteursebene genannt werden. Die Nennung der Capabilities deutet bereits darauf hin, dass die Bundesregierung handlungspolitisch auch nicht davor zurückscheut, die „Bedeutung [ihrer Machtposition]“ (ebd.) zum Ausdruck zu bringen. Dies ist eine Semantik, die abermals einen *Führungsanspruch* zum Ausdruck

---

Semantiken, um die es vordergründig im Kap. 4 ‚Rahmenerzählung‘ gehen soll, zu kontrastieren.

bringt, der in dieser Gestalt ein Novum für die bundesdeutsche Außen- und Sicherheitspolitik darstellt.

Daraus leitet die Bundesregierung im Folgenden einen Anspruch ab, die „globale Ordnung aktiv mitzugestalten" (ebd.). Interessant an diesem Zitat ist in erster Linie die Infinitivkonstruktion „aktiv mitzugestalten" (ebd.), ist es doch jene, die bereits vor dem Münchener Konsens 2014 immer wieder in der Debatte um die Positionierung deutscher Außen- und Sicherheitspolitik zutage trat.[38] Während in dieser Debatte auf der einen Seite versucht wird, den *Machtbegriff* möglichst aus der Debatte fernzuhalten, bemüht sich die andere Seite, den Begriff im deutschen Debattenumfeld zu enttabuisieren. Für letztere Position darf stellvertretend die breit wahrgenommene Rede des polnischen Außenministers Radosław Sikorski Ende 2011 herangezogen werden, der ein Umdenken in Deutschland einforderte: „Deutsche Macht fürchte ich weniger als deutsche Untätigkeit" (Sikorski 2011). Ebenjenes Vokabular um Deutschland als *Gestaltungsmacht*, die als Akteur die „globale Ordnung aktiv [mitgestaltet]" (Weißbuch 2016: 22), scheint nun im jüngsten Narrativ seinen Ausdruck gefunden zu haben. Die Bundesregierung setzt sich dafür ein, Möglichkeitsräume in ihrem Handlungsumfeld zu öffnen und aktiv mit den daraus evozierten Kontingenzen umzugehen. Dieser *aktive Gestaltungsanspruch* darf aus kontingenztheoretischer Sicht als eine kontingenzöffnende Semantik verstanden werden, die in den strategischen Grundlagendokumenten konkret kommuniziert wird.

In der Kontrastierung mit dem Weißbuch 2006 lässt sich diese konkrete Semantik einer *aktiven Gestaltungsmacht* hingegen nicht rekonstruieren. Ferner heißt es hier im Kontext der EU und des internationalen Systems:

> „Aufgrund seiner Größe, Bevölkerungszahl, Wirtschaftskraft und seiner geografischen Lage in der Mitte des Kontinentes fällt dem vereinigten Deutschland eine wichtige Rolle bei der künftigen Gestaltung Europas und darüber hinaus zu" (Weißbuch 2006: 17).

Obwohl die Bundesregierung im Weißbuch 2006 auch die ‚Capabilities' Deutschlands offen in die ‚Waagschale' wirft („Größe, Bevölkerungsanzahl, Wirtschaftskraft und seiner geografischen Lage in der Mitte des Kontinents" [ebd.]), verändert sich die Semantik um die daraus abgeleiteten Handlungen auf zweierlei Ebenen signifikant. Während im Weißbuch von 2016 die Bereitschaft zu einer *aktiven Gestaltung* im Hier und Jetzt signalisiert wird, scheint die Semantik im Weißbuch 2006 zeitlich noch nicht festgelegt zu sein. So ist die Rede von einer „künftigen Gestaltung Europas und darüber hinaus" (ebd.) – eine Formulierung, die zeitlich im Unbestimmten bleibt. Die Semantik um das Attribut „künftigen"

---

38 Vgl. dazu den besonders beachtenswerten Essay von Sandschneider, Eberhard (2012): Deutsche Außenpolitik: eine Gestaltungsmacht in der Kontinuitätsfalle.

(ebd.) rekurriert auf etwas, das erst in der Zukunft eintreten wird. Hier erhärtet sich der Eindruck, dass der Gestaltungsanspruch deutscher Außen- und Sicherheitspolitik 2006 noch bewusst in die Zukunft verlegt wurde. Daraus lässt sich der Eindruck gewinnen, dass die handlungspolitischen Möglichkeitsräume in der Mitte des ersten Jahrzehnts des neuen Jahrtausends noch ‚defensiver' kommuniziert wurden als in dem Nachfolgedokument von 2016. Kontrafaktisch argumentiert, verändert sich die Bedeutung des Satzes ohne die Semantik um *künftig* signifikant. Die Semantik der Aussage des Satzes wird in ihrer Gänze entschärft, wenn der Anspruch auf *aktive Gestaltung* nicht im Hier und Jetzt, sondern im diffusen ‚Dort und Später' in der Ferne konstituiert wird.

Dessen ungeachtet ist die Semantik um die Selbstzuschreibung im Dokument von 2006 deutlich zurückhaltender. Dort bekräftigt sie ‚nur', „eine wichtige Rolle" (ebd.) zu spielen. Der unbestimmte Artikel „eine" (ebd.) in Kombination mit dem Adjektiv in der Grundform (statt im Komparativ) „wichtige" (ebd.) deutet darauf hin, dass sich die Bundesregierung selbst neben vielen anderen *eine wichtige Rolle* und nicht *die wichtigste Rolle* zuschreibt. Im Weißbuch 2016 ist hingegen von Deutschland „als zentraler Akteur" (Weißbuch 2016: 22) die Rede. Die Spezifizierung mittels bestimmter Artikel und einer Komparativbildung des Adjektivs wird auch hier nicht semantisch entfaltet, aber die semantische Konstruktion lässt zumindest die Möglichkeit offen, den Satz so zu deuten, dass Deutschland *der* zentrale Akteur sein könnte. Durch das Wegfallen des Artikels – ob unbestimmt oder bestimmt – wird hier wohlmöglich deshalb semantisch im Ungefähren geblieben, um handlungspolitische Möglichkeitsräume nicht zu verschließen. Auch das Adjektiv „zentral" (ebd.) ist semantisch vom Adjektiv „wichtige" (ebd.) zu unterscheiden, da es durchaus ‚griffiger' den Handlungs- und Gestaltungsanspruch der Bundesrepublik ausdrückt. Die Semantik um *zentral* rekurriert offenkundig darauf, dass sich die Bundesrepublik selbst im außen- und sicherheitspolitischen *Zentrum* der EU wahrnimmt. Hier findet eine eindeutige Selbstverortung mittels spezifischer Semantik statt. Demgegenüber erscheint die Semantik um *wichtige* weitaus diffuser, da sie lediglich die Relevanz zum Ausdruck bringt, dass Deutschland im EU Kontext eine wichtige Rolle spielt, ohne dabei spezifisch zu kommunizieren, *wie wichtig* diese Rolle tatsächlich ist.

Semantik um Selbst- und Fremdwahrnehmung als Führungsmacht

An den Überlegungen zur offensiveren Selbstverortung anschließend, lässt sich von der Bundesregierung im Weißbuch 2016 eine Umdeutung hinsichtlich der eigenen Rolle innerhalb der EU herauslesen. Hier zeichnet sich indes eine Semantik ab, die als (selbst wahrgenommener) Führungsanspruch verstanden wird, der zugleich aber aus einer Fremdwahrnehmung herausgeht:

> „Deutschland wird zunehmend als zentraler Akteur in Europa wahrgenommen" (Weißbuch 2016: 22).

Wer oder was diese Wahrnehmung an Deutschland heranträgt, bleibt offen. Offenkundig ist es für die Bundesregierung weitaus bedeutender, dass sie die *Fremdwahrnehmung* für ihre eigenen handlungspolitischen Möglichkeitsräume beanspruchen kann. Interessant an dieser Sequenz ist dabei die semantische Differenzierung zwischen *Selbst-* und *Fremdwahrnehmung*. So findet die Positionierung über die eigene *Selbstwahrnehmung* als „zentraler Akteur [in der EU]" (ebd.) über eine vermeintliche *Fremdwahrnehmung* von außen statt. Hier fungiert das Verb „wird" (ebd.) im grammatikalischen Passiv als distanzierendes Moment, da es die *Selbstwahrnehmung*, auf der die Semantik eigentlich zurückgeht, gewissermaßen zur *Fremdwahrnehmung* ‚verfremdet'. Mittels Passivformulierung entsteht der Leseeindruck, dass die selbst zugeschriebene Führungsrolle Deutschlands innerhalb EU von außen an die Bundesrepublik herangetragen wurde. Wer oder was die semantische *Führungsbeauftragung* veranlasst hat (Partnerstaaten, Drittstaaten oder internationale Organisationen wie die EU), bleibt gleichwohl unbeantwortet. Eine Leseart ist hier, dass auf diese Weise der möglicherweise offensiv wirkende Machtzuwachs Deutschlands und der daraus abgeleitete *Führungsanspruch* gewissermaßen ‚verschleiert' wird, sodass dieser zurückhaltender wirkt. Kontrafaktisch betrachtet, würde die Formulierung deutlicher ‚schärfer' klingen, wenn sie im Aktiv formuliert und nicht als Fremdwahrnehmung stilisiert werden würde. Diese Formulierung würde dann wie folgt lauten: *Deutschland ist zunehmend der zentrale Akteur in Europa.*

Zugleich liefert die Bedeutung um das Vokabular von *Wahrnehmung* in Verbindung mit der Semantik um *eigene Realität* interessante Rückschlüsse auf die Überzeugungsstrukturen der Bundesregierung:

> „Diese Wahrnehmung schafft ihre eigene Realität" (ebd.).

Die beiden Semantiken deuten auf eine eher sozialkonstruktivistische Semantik hin, in der *Realität* als eine soziale Konstruktion zu verstehen ist, die sich aus dem Interaktionsprozess (hier mit der EU) herausgebildet hat.[39] Im Gegensatz zu den doch als objektivierbar dargestellten ‚Capabilities' um *Wirtschaft*, *Politik* und *Militär* scheint hier die Wahrnehmung als „eigene Realität" (ebd.) hochgradig subjektiv. Als Deutungsangebot kann darin der Versuch der Bundesregierung herausgelesen werden, dass sie den Anschein erwecken möchte, im Kontext der EU ihre Machtpotenziale nur *zögerlich und zurückhaltend* einzusetzen. Die Semantik soll

---

[39] Hier sei kurz angemerkt, dass die Beobachtung eines sozialkonstruktivistischen Vokabulars durch den Autor dieser Arbeit selbst sehr deutlich einen Rückgriff auf die Überzeugungsstrukturen des Forschenden verkörpert, die sich hier in einem politikwissenschaftlichen Vokabular ausdrücken. Wohlgleich zeigt der Rückgriff auch die „unbegrenzte Pluralität der Ausgangspunkte" (Rorty 2016: 95), da auch dieses Interpretationsangebot jederzeit anders denkbar wäre.

wohlmöglich vielmehr zum Ausdruck bringen, dass die Bundesregierung zurückhaltend agiert und vielmehr auf die Erwartungshaltung der EU-Mitgliedstaaten reagiert, statt aktive Machtpolitik aufgrund ihrer Größe zu betreiben.

Zugleich ist an der Sequenz abermals zu erkennen, dass die Bundesregierung um eine Semantik bemüht ist, die impliziert, dass der Führungsanspruch von außen an sie herangetragen wird. Das Pronomen „diese“ (ebd.) nimmt Bezug auf jemanden oder etwas, von dem die Wahrnehmung ausging, und schafft abermals Distanz zur eigenen Wahrnehmung. Dabei zeigt sich, dass sie offenkundig bereit ist, *diese* von außen an sie herangetragene Rolle zu übernehmen, da sie semantisch keine Alternative zur *Führungsverantwortung* entfaltet.

4.5 Zusammenfassende Darstellung der Rahmenerzählung *Verantwortung übernehmen*

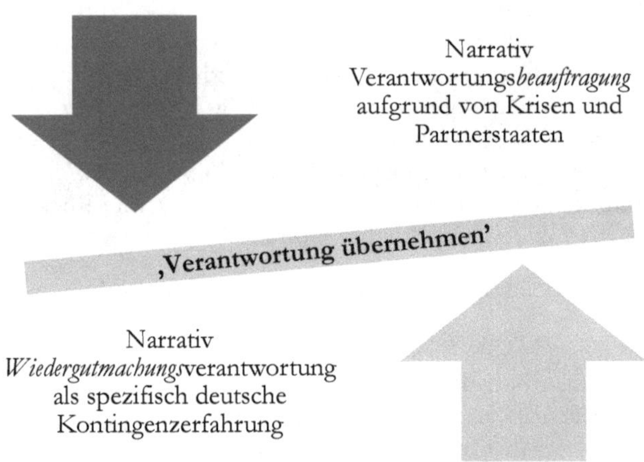

Abbildung 3: Rahmenerzählung ‚Verantwortung übernehmen' zwischen *Wiedergutmachungs*verantwortung und Verantwortungs*beauftragung*.

5 Binnenerzählung ‚Früh(er), entschieden(er), substanziell(er)' zwischen *Sicherheitsvorsorge* und *Resilienz, Kreativität sowie Dialog*

5.1 Semantik um *früh(er), entschieden(er), substanziell(er)* als konkrete Handlungs- und Gestaltungsanweisungen gegenüber Bedingungen erhöhter Kontingenz

Die Semantik um die drei Adjektive *früh(er), entschieden(er), substanziell(er)* umschreibt in spezifischer Weise, wie der Umgang mit einem kontingenter werdenden Handlungsumfeld aus Sicht der Bundesregierung gestaltet werden soll. Hinsichtlich des Abstraktionsgrads des Modells befindet sich das Vokabular eine Stufe unter der Rahmenerzählung um *Verantwortung übernehmen*, da es als konkrete Handlungs- und Gestaltungsanweisungen für die Bundesregierung dient.

Semantik um *Mehr*

Über die jeweiligen Bedeutungsebenen der drei Adjektive hinaus ist zudem eine weitere Auffälligkeit von entscheidender Bedeutung, die die Semantik in den beiden Grundlagendokumenten maßgeblich bestimmt: eine Semantik um ein *Mehr*. Grammatikalisch drückt sich die Bereitschaft zu einem *Mehr* insofern aus, als dass einerseits das Adverb *mehr* selbst Verwendung findet und andererseits die Adjektive im Komparativ stehen. Dabei sei indessen angemerkt, dass die Leitlinien 2017 und das Weißbuch 2016 jeweils eine unterschiedliche Komparationsform aufweisen und entsprechend differenziert zu betrachten sind. In den Leitlinien 2017 stehen im Vergleich zum Weißbuch 2016 die drei Adjektive in der Steigerungsform des Komparativs: *früher, entschiedener, substanzieller* (vgl. Leitlinien 2017: 108). Aus diesem Grund lässt sich die hier verwendete Schreibweise des deklinierenden Suffixes der drei Adjektive in Klammerschreibweise erklären.[40]

---

[40] Während des Kodierprozesses haben sich die folgenden vier Interpretationsangebote hinsichtlich der Ursache der Verwendung der unterschiedlichen Steigerungsformen sedimentiert, die jedoch nicht hinreichend befriedigend belegt werden können. Dennoch sollen sie hier kompakt dargestellt werden, um einen interpretativen Überblick der Möglichkeiten anzubieten: So ist die erste denkbare Lesart, dass es sich hierbei um eine ressortspezifische Tonalität des Verteidigungsministeriums (BMVg) handelt, die sich in einer grundsätzlich ‚zurückhaltenden' Art und Weise ausdrückt. Für diese Lesart spricht der Befund, dass auch der Kodierprozess in dieser Arbeit zeigt, dass die Semantik des Weißbuchs mitunter grundsätzlich zurückhaltender im Vergleich mit den Leitlinien ist (vgl. Kap. 4.3. das Narrativ um *Verantwortung als Wiedergutmachung*). Dagegen spricht hingegen die semantische Erweiterung der Sequenz um das Bekenntnis „Verantwortung zu leben" (Weißbuch 2016: 22) und „Führung zu übernehmen" (ebd.). Die beiden Semantiken um *Verantwortung* – aber vor allem auch *Führung übernehmen* – sind eine eindeutige Verstärkung des Bekenntnisses, sich zukünftig stärker zu engagieren. Die zweite Lesart lautet, dass die Verwendung der Grundform im Weißbuch 2016 ein ‚Zurückrudern' von vorherigen Aussagen der Bundesregierung darstellt, die als „pointierte […]

Dass die Semantik um das *Mehr* tief in die Überzeugungsstrukturen des jüngsten Narrativs eingesickert zu sein scheint, sollen die folgenden Sequenzen veranschaulichen. So zeichnen sich die Konturen im besagten Kapitel „Früher – Entschiedener – Substanzieller: Strukturen und Partnerschaften zur Friedensförderung" (Leitlinien 2017: 18-145) der Leitlinien um das *Mehr* eindeutig ab, da die Semantiken des *Mehr* im gesamten Kapitel auffällig häufig verteilt sind. Die folgende Sequenz veranschaulicht diesen Befund, indem sie eine Stichprobe der Semantiken aus dem gesamten Kapitel abbildet:

> „mehr Verantwortung zu übernehmen" (Leitlinien 2017: 110), „noch enger abstimmen" (ebd.), „Mehr [sic] Strategie" (ebd.: 112), „noch schneller, strategischer und koordinierter zu handeln" (ebd.: 113), „noch besser in die Analyse und operative Planung" (ebd.: 114), „Krisenfrüherkennung verfeinern und enger miteinander verzahnen" (ebd.: 116) „die Rahmenbedingungen für alle Personengruppen angemessen auszugestalten und wo notwendig zu verbessern " (ebd.: 120), „Einsatz ziviler Expertinnen und Experten quantitativ und qualitativ weiter ausbauen und in Führungspositionen internationaler Einsätze noch stärkeres Profil gewinnen" (ebd.: 121), „Fähigkeiten der EU zur Koordinierung, Analyse und Planung einschlägiger Maßnahmen weiter verbessert werden" (ebd.: 126), „die Zusammenarbeit mit nicht-staatlichen Akteurinnen und Akteuren im Bereich der Friedensförderung intensivieren, bestehende Plattformen wie FriEnt verstärkt nutzen und ihr Netzwerk erweitern" (ebd.: 140).

Relativierung einer ambitionierten früheren Stellung[s]nahme" (Hellmann 2016: 4) interpretiert werden kann. Für die Deutung Hellmanns spricht zunächst, dass die vorherigen Aussagen von Regierungsbeteiligten offenkundig im Komparativ standen (vgl. ebd.). Von diesem ‚Übereifer' seitens der Regierung könnte demzufolge ‚zurückgerudert' worden sein. Gegen dieses Argument spricht aber überzeugenderweise, dass die später veröffentlichten Leitlinien von 2017 den Komparativ der Adjektive mit sich führen. Unter der Prämisse einer ressortgemeinsamen Arbeit müssten die Leitlinien folgerichtig auch die Grundform in sich tragen. Diese Überlegung führt zur dritten denkbaren Interpretation, dass das Narrativ um *früher, entschiedener, substanzieller* nicht ressortgemeinsam ausformuliert und vereinbart wurde, sodass hier ein inkongruentes Bild hinsichtlich der politikfeldübergreifenden Semantik der Bundesregierung entsteht. Diese Lesart ist für die Bundesregierung insofern problematisch, als dass sie auf eine institutionelle Unstimmigkeit der Bundesregierung hindeuten würde, die die Bekenntnisse beider Dokumente, die Ressorts besser miteinander in Einklang zu bringen (vgl. u. a. im Weißbuch 2016: 58-59; vgl. u. a. in den Leitlinien 2017: 58-59), unterminieren würden. Die vierte und letzte Lesart ist, dass sich die Bundesregierung schlicht und ergreifend ‚nichts' dabei gedacht hat. So darf dies als verheerendste Lesart verstanden werden, kann sie doch als Ausdruck der Bundesregierung interpretiert werden, dass die Formulierung strategischer Narrative in der Strategiebildung unbedeutend zu sein scheint. Dies würde sämtliche ‚Geh- und Stehversuche' in der Kultivierung von Strategiebildung der deutschen Außen- und Sicherheitspolitik unterminieren, bricht es doch mit dem Bekenntnis, die „Strategiefähigkeit fördern und ausbauen [zu wollen]" (Weißbuch 2016: 57; vgl. Leitlinien u. a. 2017: 27).

Dass dabei zugleich das *Mehr* auch im Weißbuch seinen Ausdruck findet, geht aus der nachstehend aufgeführten Sequenz hervor. Die Semantiken sind sehr häufig im dritten Kapitel „Deutschlands strategische Prioritäten" (Weißbuch 2016: 47-53) und vierten Kapitel „Sicherheitspolitische Gestaltungsfelder Deutschlands" (ebd.: 55-83) rekonstruierbar. Der Ausschnitt beider Kapitel ist insofern begründet, als dass die beiden Kapitel inhaltlich die konkreten Handlungsfelder zum Ausdruck bringen, die die Handlungs- und Gestaltungsanweisungen um *früh, entschieden, substanziell* anleiten:

> „Stärkung von Resilienz und Robustheit unseres Landes" (Weißbuch 2016: 48), „Stärkung der Handlungsfähigkeit von NATO und EU" (ebd.: 49), „fortlaufende Überprüfung und Weiterentwicklung ordnungsstiftender Vereinbarungen und Institutionen" (ebd.: 50), „Strategiefähigkeit fördern und ausbauen" (ebd.: 57), „Vernetzten [sic] Ansatz weiterentwickeln" (ebd.: 58), „Sicherheitsvorsorge und Resilienz als gesamtgesellschaftliche Aufgabe vorantreiben" (ebd.: 59), „das System der VN durchsetzungsfähiger zu machen" (ebd.: 63), „Weiterentwicklungen der Allianz" (ebd.: 64), „Vielfalt an Möglichkeiten sollte noch weiter aufeinander abgestimmt werden, noch stärker fokussiert und mit der nötigen Geschwindigkeit abruf- und aktivierbar werden" (ebd.: 72), „Stärkung der europäischen Verteidigungsindustrie" (ebd.: 73), „GSVP sichtbarer für die Bürger, weniger technisch und bürokratisch für ihre Teilnehmer und Partner sowie verbindlicher für die EU-Mitgliedstaaten zu machen" (ebd.: 75), „Deutschland wird im regionalen und globalen Rahmen noch nachdrücklicher […] eintreten" (ebd.: 82).

Stilistisches Mittel des *Trikolons*

Zugleich sind in beiden Grundlagendokumenten Auffälligkeiten hinsichtlich der Stilistik zu erkennen. Bilden die drei Adjektive *früh(er), entschieden(er), substanziell(er)* die Entschlossenheit zum *mehr* Handeln auf der übergeordneten und damit abstrakteren Ebene ab, findet das stilistische Mittel des *Trikolons* auch in anderen Bedeutungskontexten seinen Ausdruck. Die Verwendung eines rhetorischen Stilmittels wie hier dem ‚Trikolon' (Dreierfigur) hat in der Rhetorik die grundsätzliche Funktion, die Wirkung um die Semantik der Adjektive zu verstärken. Auf diese Weise können auch komplexere Semantiken auf verkürzte und prägnante Weise abgebildet werden, indem sie unter Schlüsselbegriffen subsumiert werden, die mitunter als ‚leere Signifikanten' fungieren. Das Trikolon um *früh(er), entschieden(er), substanziell(er)* bringt hier mithin die grundlegenden Handlungs- und Gestaltungsanweisungen zum Ausdruck, die unter sich weitere Bedeutungsebenen konstituieren. Sie selbst ist allerdings als die untergeordnete – und damit hinsichtlich des Grads der Abstraktion spezifischere – Erzählung von der Rahmenhandlung *Verantwortung übernehmen* zu verstehen.

Als ein Beispiel der Verwendung des Trikolons in einem weiteren Bedeutungskontext dient eine Textpassage in den Leitlinien, in der sich die Bundesregierung zur Verbesserung der Ressortkoordinierung und der politischen Steuerung bekennt. Auch hier wird das Trikolon von der Bundesregierung verwendet, indem die Ressortkoordinierung „schneller, strategischer und koordinierter" (Leitlinien 2017: 113) werden soll. Ein weiteres Beispiel bilden die Krisenprävention, Stabilisierung und Friedensförderung. Um diese drei Substantive adjektivisch zu erweitern, müssen sie „politischer, strategischer und sichtbarer werden" (Leitlinien 2017: 112). Auch im Weißbuch lässt sich diese stilistischen Auffälligkeiten des ‚Dreiklangs' beobachten. So analysiert die Bundesregierung ihr sicherheitspolitisches Umfeld insofern, als dass sie es als „komplexer, dynamischer und damit immer schwieriger vorhersehbar" (Weißbuch 2016: 29) antizipiert. Interessanterweise sind die Adjektive bei der Umschreibung des sicherheitspolitischen Handlungsumfelds im Komparativ, wohingegen die Beschreibung des Handlungsanspruchs die zurückhaltende Grundform *früh, entschieden, substanziell* anwendet (vgl. ebd.: 22).

Logik des Vergleichs und angenommene kausale Ganzheitlichkeit

Auf ontologischer Ebene wohnt der *Mehr*-Semantik in den Grundlagendokumenten eine vergleichende Logik inne, bei der der Komparativ (von lat. *comparare* zu dt. *vergleichen* [vgl. *Komparativ* auf Duden online]) sowie das Adverb *mehr* anzeigen, die gegenwärtige Semantik mit einem früheren Zustand vergleichbar zu machen. Sowohl das Adverb als auch die Komparativbildung signalisieren grammatikalisch und semantisch, dass zu einem früheren Zeitpunkt ein vergleichsweiser geringerer Handlungs- und Gestaltungsaufwand nötig war als im kontingenteren Hier und Jetzt. Der Komparativ im Vergleich zur Grundform sowie die adverbiale Bestimmung erzeugen eine verstärkende semantische Wirkung gegenüber dem vorherigen Engagement im ‚weniger kontingenten' Dort und Damals.

Zugleich impliziert die Vergleichslogik um das *Mehr* eine angenommene Ganzheitlichkeit der Entitäten, die von der Bundesregierung mittels kausaler Logik kommuniziert wird. Der Zunahme an Komplexität und Kontingenz im Handlungsumfeld (Stichwort: ‚Weltordnung im Umbruch') wird mit der Zunahme an Komplexität der Handlungsmöglichkeiten begegnet, die sich in der Semantik um das *Mehr* offenbart. Die Semantik deutet darauf hin, dass die Bundesregierung von einer Kausalität ausgeht, in der eine Steigerung des vorherigen Handelns nötig sei, um den wachsenden Aufgaben im Hier und Jetzt begegnen zu können. Die Kausalität lässt sich wie folgt im Wenn-dann-Schema um Mittel und Ziele umschreiben: Wenn die Mittel um ein *Mehr* an *früh(er), entschied(er), substanziell(er)* kommuniziert werden, wird das Ziel eines *weniger krisenhaften Handlungsumfeldes* erreicht. Aus kontingenztheoretischer Sicht soll die als problematisch wahrgenommene Kontingenz- und Komplexitätszunahme selbst mittels zunehmender Komplexität in den Problemlösungsmechanismen bewältigt werden. Dementsprechend kann aus dieser Lesart die Überzeugung der Bundesregierung gelesen werden, Komplexität und Kontingenz ganzheitlich und kausal bewältigen zu können. Die Bundesregierung versteht das Verhältnis zwischen Handlungsumfeld und seine Zielbeschreibung sowie die Handlungs- und Gestaltungsanweisung und ihre dafür benötigten Mittel gewissermaßen als kausales ‚Nullsummenspiel', bei der der Zunahme auf der einen Seite mit der Zunahme auf der anderen Seite begegnet wird: Dem kontingent*eren* Umfeld wird früh*er*, entschieden*er*, substanziell*er* begegnet. Dies ist konträr zu einem kontingenzsensiblen Möglichkeitsbewusstsein zu bewerten, das sich hier der unendlichen Summe an Entscheidungsmöglichkeiten bewusst wäre, die nicht mittels einer kausal unterstellten Ganzheitlichkeit aus Zielen und Mitteln zu lösen sind.

5.2 Begriffsannäherung früh(er), entschieden(er), substanziell(er)

Um auch in der Binnenerzählung eine semantische Annäherung vorzunehmen, soll die Semantik im allgemeinen Sprachgebrauch um die drei Adjektive *früh(er), entschieden(er), substanziell(er)* zunächst näher bestimmt werden. Hier wurde zuerst jeweils die Grundform im Wörterbuch nachgeschlagen. Die Semantik um *früh* konstituiert sich demnach auf zweierlei Ebenen. So beschreibt der Duden *früh* zum einen als

> „in der Zeit noch nicht weit fortgeschritten, am Anfang liegend, zeitig" (*früh* auf Duden online).

Die Bedeutung um etwas oder jemanden, das/der noch „nicht weit fortgeschritten" (ebd.) bzw. „am Anfang liegend, zeitig" (ebd.) ist, darf gewissermaßen als semantische ‚Grundbestimmung' verstanden sein. Übertragen auf die deutsche Außen- und Sicherheitspolitik, bringt das Adjektiv damit offenkundig zum Ausdruck, dass grundsätzlich keine lange Zeit benötigt wird, um Entscheidungen zu treffen oder zu handeln. Die zweite Bedeutung, die vom Wörterbuch angeboten wird, addiert eine relationale Komponente hinzu:

> „früher als erwartet, als normalerweise geschehend, eintretend; frühzeitig, vorzeitig" (*früh* auf Duden online).

Diese Ebene im Vergleich zur vorherigen weist doch weitaus stärker die Bereitschaft aus, aktiv in Handlung zu treten und zu gestalten. In diesem Licht scheint von besonderem Interesse zu sein, dass auch hier der Semantik ein vergleichendes Momentum innewohnt. Das Übersetzungsangebot des Duden mit „früher als erwartet" (*früh* auf Duden online) oder auch „als normalerweise" (ebd.) signalisiert anhand der Vokabel *als* abermals eine Vergleichslogik, die (temporär) zwischen dem Dort und Damals sowie dem Hier und Jetzt differenziert. Dieses Bedeutungsangebot weist eine interpretative Anschlussfähigkeit zur *Mehr*-Semantik auf.

Die Vokabel *entschieden* im allgemeinen Sprachgebrauch beinhaltet zwei Bedeutungsebenen, die sich nicht allzu sehr voneinander unterscheiden. So wird *entschieden* einerseits als

> „eine eindeutige Meinung vertretend und fest entschlossen" (*entschieden* auf Duden online) übersetzt und andererseits als „eindeutig, klar ersichtlich" (*ebd.*).

Die Übersetzungen der Semantik um *entschieden* bringen zum Ausdruck, dass das Adjektiv *Eindeutigkeit* und *Entschlossenheit* signalisiert. Die beiden Substantive stehen mitunter für Eigenschaften, die gemeinhin kompetenten Entscheidungsträgern und Führungskräften zugeordnet werden. Hier scheinen sich semantische Verbindungen zur Semantik der *Führungsbeauftragung* der Rahmenerzählung *Verantwortung übernehmen* zu zeigen (vgl. Kap. 4).

Das letzte Adjektiv des Trikolons *substanziell* hingegen lässt sich vergleichsweise weniger eindeutig bestimmen. Der Duden eröffnet diesbezüglich fünf Bedeutungsangebote. So ist erstens

> „[bildungssprachlich] die Substanz betreffend, stofflich, materiell" (*substanziell* auf Duden online), zweitens „die Substanz betreffend, zu ihr gehörend, sie [mit] ausmachend" (ebd.), drittens „[bildungssprachlich] die Substanz einer Sache betreffend; wesentlich" (ebd.), viertens „[veraltend] nahrhaft, gehaltvoll" (ebd.) sowie fünftens „[Philosophie] wesenhaft" (ebd.).

Wird das veraltende Bedeutungsangebot (viertens) vernachlässigt, bezieht sich die Bedeutung dezidiert auf die „Substanz" (ebd.) von jemandem oder etwas. Während dabei das erste Angebot und die Semantiken von „stofflich, materiell" (ebd.) eine chemische Konnotation aufweisen, handelt es sich bei den weiteren Übersetzungen vielmehr um etwas, das die Substanz (einer Sache) *ausmacht* (zweitens) bzw. für sie *wesentlich* (drittens) oder *wesenhaft* (fünftens) ist. Hier scheint eine Semantik mitzuschwingen, der ein essentialistisches Momentum innewohnt. Im Spiegel der bisherigen Überlegungen zum jüngsten Narrativ bundesdeutscher Außen- und Sicherheitspolitik scheint hier der Versuch kommuniziert zu werden, etwas Essentielles aus dem Handlungsrepertoire zu wollen, das gewissermaßen ‚an die Substanz geht', bzw. ihr ‚Wesen ausmacht'. In dieser Lesart wird die Bereitschaft der Bundesregierung erklärt, an den ‚eigentlichen' Kern, das ‚Wesen' oder das ‚wesentlich zugrunde Liegende' der deutschen Außen- und Sicherheitspolitik vorzudringen. Aus kontingenztheoretischer Sicht muss der Versuch, das Substanzielle der deutschen Außen- und Sicherheitspolitik abzubilden, verworfen werden, da es so etwas wie den ‚Kern' deutscher Außen- und Sicherheitspolitik schlicht und ergreifend nicht geben kann. Die Außen- und Sicherheitspolitik selbst ist vielmehr durch eine kontingente Vielfalt durchsetzt, bei der sich der Versuch, den ‚einen ‘ *Wesenskern* auszumachen, als die Fiktion von Eindeutigkeit herausstellen muss.

5.3 Sowohl *Sicherheitsvorsorge* als notwendiges, aber unmögliches Sicherheitsversprechen einerseits, ...

Die außen- und sicherheitspolitische *Sicherheitsvorsorge* Deutschlands lässt sich als umfassender gesamtstaatlicher Ansatz beschreiben, der diverse Instrumentarien anbietet, um *vorsorglich* Sicherheitspolitik zu gestalten. Aus kontingenztheoretischer Perspektive wohnt der Semantik um *Sicherheitsvorsorge* ein unmöglich einzuhaltendes Rationalitätsversprechen inne, das weniger einen spielerischen Umgang mit Kontingenz pflegt, sondern einer Logik von Alternativlosigkeit und Eindeutigkeit folgt. Hier wird zugleich von der Bundesregierung eine eher kontingenzverschließende Semantik um eine *notwendige Sicherheitsvorsorge* kommuniziert. Die implizite Überzeugung, die dieser Art zu denken zugrunde liegt, besteht darin, davon auszugehen, dass es immer nur zwei Möglichkeiten zum Handeln gäbe. Aus diesen Denkmustern gehen Semantiken um *Eindeutigkeit* und *Alternativlosigkeit* hervor, die (vermeintliche) Orientierung und Stabilität suggerieren. Diese drücken sich in binären, ausschließenden Semantiken aus, die dann ‚richtig-oder-falsch‘, ‚ja-oder-nein‘ oder auch ‚entweder-oder‘ lauten. Aus kontingenztheoretischer Sicht ist dies indes als Fiktion zu betrachten, unterliegt dem Handlungskontext doch ein ständiger Prozess der Veränderung und Dynamisierung.

Gleichwohl ist festzuhalten, dass mit der Semantik um *Sicherheitsvorsorge* und ihrer eher kontingenzverschließenden Semantik nicht ausschließlich im strategischen Instrumentarium der Bundesregierung kommuniziert wird. Auch hier lässt sich ein Bewusstsein rekonstruieren, das über die Grenzen kommunizierter Sicherheitsfiktion hinausgeht. So lässt sich anhand der Semantiken um die Vokabeln *Resilienz, Kreativität und Dialog* veranschaulichen, dass die Bundesregierung innerhalb des Vokabulars um *früh(er), entschieden(er), substanziell(er)* die binäre Logik in der Unterscheidung zwischen ‚entweder-oder‘ und die daraus hervorgehenden Semantiken um Eindeutigkeit und Alternativlosigkeit mitunter auflöst. Hier finden vielmehr höherwertige Semantiken um ‚sowohl-als-auch‘ Verwendung, die kontingenzoffen mit den Möglichkeiten und Alternativen umgehen (vgl. Abbildung 2). Dementsprechend erklären sich auch die Teilüberschriften dieses Kapitel, die versuchen, die höherwertige Logik des ‚Sowohl-als-Auch‘ abzubilden. Die Rekonstruktion der Semantik um *Sicherheitsvorsorge* als das ‚Sowohl-‘ wird in diesem Kapitel entfaltet, die Semantiken um *Resilienz, Kreativität und Dialog* sowie das ‚-als-Auch‘ folgen im nächsten Kapitel.

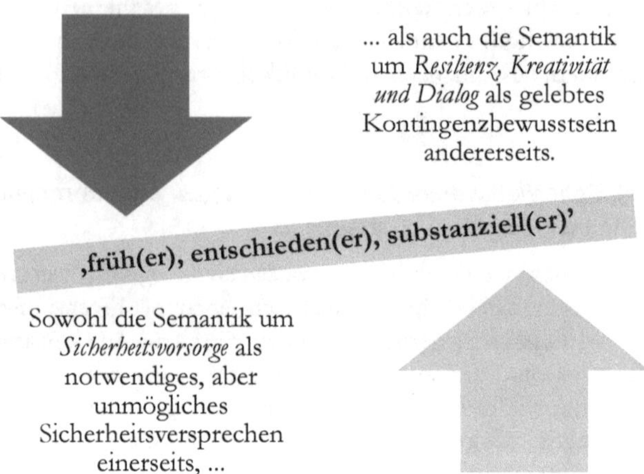

Abbildung 4: Binnenerzählung ‚früh(er), entschieden(er), substanziell(er)' zwischen *Sicherheitsvorsorge* und *Resilienz, Kreativität und Dialog.*

5.3.1 Begriffsannäherung *Sicherheitsvorsorge*

Um die Semantik um den Ansatz der *Sicherheitsvorsorge* besser nachvollziehen zu können, ist es auch hier sinnvoll, den Begriff selbst zunächst näher zu bestimmen. Da das Kompositum *Sicherheitsvorsorge*, das aus den Substantiven *Sicherheit* und *Vorsorge* hervorgeht, allerdings eine derart sprachliche Nischenfunktion aufgrund seiner hohen Spezifität einnimmt, muss der Begriff vom allgemeinen Sprachgebrauch differenziert betrachtet werden. Aus diesem Grund ist es weniger verwunderlich, dass die Vokabel nicht im Wörterbuch gelistet ist. Um sich dem Begriff dennoch anzunähern, wird im Folgenden das für die Bedeutung des Kompositums determinierende Substantiv *Vorsorge* näher betrachtet. So ist *Vorsorge* die

> „Gesamtheit von Maßnahmen, mit denen einer möglichen späteren Entwicklung oder Lage vorgebeugt, durch die eine spätere materielle Notlage oder eine Krankheit nach Möglichkeit vermieden werden soll" (*Vorsorge* auf Duden online).

Auffällig an dem Bedeutungsangebot des Dudens ist hier die Semantik um die Möglichkeit, einer *späteren Entwicklung oder Lage vorzubeugen.* Hier lässt sich die Überzeugung erkennen, dass *Vorsorge* interpretiert werden kann als der Versuch, zukünftige (negative) Kontingenz mittels der „Gesamtheit an Maßnahmen" (ebd.) zu bewältigen, indem ihnen „vorgebeugt" (ebd.) wird. Das Präfix *vor* trägt eine temporale Semantik in sich, die ein *Vorher* der Maßnahmen ausdrückt. So werden hier semantische Parallelen mit dem Adjektiv *früh(er)* der Binnenerzählung erkennbar, obwohl der Semantik auch eine starke temporale Dimension beiwohnt, die, wie bereits weiter oben gezeigt wurde, auch mit „vorzeitig“ (*früh* auf Duden online) übersetzt werden kann.

Diachroner Vergleich

Die Kontrastierung der Semantik um das Vokabular *Sicherheitsvorsorge* mit den Vorgängerdokumenten, bestehend aus dem Weißbuch von 2006 sowie dem zwei Jahre vorher veröffentlichten Aktionsplan von 2004, legt dar, dass hier deutliche semantische Ähnlichkeiten um *Sicherheitsvorsorge* rekonstruierbar sind. So heißt es im Weißbuch von 2006 zur Semantik der *Sicherheitsvorsorge* wie folgt:

> „Die Sicherheitspolitik steht heute vor neuen und zunehmend komplexeren Herausforderungen. Deshalb bedarf es für eine wirksame Sicherheitsvorsorge eines präventiven, effektiven und kohärenten Zusammenwirkens im nationalen wie internationalen Rahmen, einschließlich einer wirksamen Ursachenbekämpfung“ (Weißbuch 2006: 8).

Ferner heißt es im Weißbuch weiter:

> „Die in der Vergangenheit bewährten Strategien zur Abwehr äußerer Gefahren – wie Abschreckung und Einhegung – reichen gegen die neuen asymmetrischen, häufig auch durch nichtstaatliche Akteure verursachten Bedrohungen nicht aus. Deshalb bedarf es für eine wirksame Sicherheitsvorsorge eines präventiven, effektiven und kohärenten Zusammenwirkens im nationalen wie internationalen Rahmen, einschließlich einer wirksamen Ursachenbekämpfung“ (Weißbuch 2006: 17).

Zum einen veranschaulichen die Sequenzen, dass die Semantik um *Sicherheitsvorsorge* bereits im Weißbuch 2006 als übergeordnetes Instrumentarium verstanden wird, das in seiner Gesamtheit die deutsche Sicherheitspolitik repräsentiert. Den „zunehmend komplexeren Herausforderungen“ (ebd.: 8) wird mit einer „wirksame[n] Sicherheitsvorsorge“ (ebd.) begegnet. In dieser Lesart bedingen sich im Verständnis der Bundesregierung die Semantiken um *Herausforderungen* und *Sicherheitsvorsorge* wechselseitig. Zugleich ist zu beobachten, dass bereits 2006 die Semantik *Sicherheitsvorsorge* dem Veränderungsdruck des Handlungsumfelds ausgesetzt zu sein schien, sodass sie als Reaktion auf die Kontingenzen des Dort und Damals zu verstehen ist. Die Erzählung betont auch hier ein kontingenter werdendes Handlungsumfeld als Ursache. So skizziert die Bundesregierung als Katalysator ihrer Handlungen die „neuen und zunehmend komplexeren Herausforderungen“ (ebd.: 8), für die die „in der Vergangenheit bewährten Strategien zur

Abwehr äußerer Gefahren [...]" (ebd.: 17) nicht ausreichen. Relevant ist hier aus kontingenztheoretischer Sicht die Konstruktion der Adjektive um „neuen" (ebd.: 8) und „zunehmend komplexeren" (ebd.), da sie mittels Komparativbildung *Dynamisierungserscheinungen* des Handlungsumfelds semantisch abbilden. Aus ebenjenen leitet die Bundesregierung zugleich die Subinstrumente als Reaktion ab, mit der sie konkret Sicherheitsvorsorge zu betreiben gedenkt. Hier bedarf es demzufolge

> „eines präventiven, effektiven und kohärenten Zusammenwirkens im nationalen wie internationalen Rahmen, einschließlich einer wirksamen Ursachenbekämpfung" (Weißbuch 2006: 8).

In Kontrastierung mit dem bereits zwei Jahre vorher veröffentlichten Aktionsplan von 2004 zeigt sich darüber hinaus die eher außenpolitische Semantik um *Sicherheitsvorsorge*. Dass der Aktionsplan und das Weißbuch in vernetzten Strukturen ressortübergreifend entstanden sind, veranschaulicht der Verweis innerhalb des Weißbuchs von 2006:

> „Erforderlich ist vielmehr ein umfassender Ansatz, der nur in vernetzten sicherheitspolitischen Strukturen sowie im Bewusstsein eines umfassenden gesamtstaatlichen und globalen Sicherheitsverständnisses zu entwickeln ist. Das Gesamtkonzept der Bundesregierung ‚Zivile Krisenprävention, Konfliktlösung und Friedenskonsolidierung' ist ein Baustein hierzu" (Weißbuch 2006: 9).

Der intertextuelle Bezug zum Weißbuch 2006 dient als Beleg dafür, dass die Semantik um *Sicherheitsvorsorge* aus dem Aktionsplan 2004 adaptiert wurde. So greift das später veröffentlichte Weißbuch 2006 auf die Semantik des Aktionsplans als „ein Baustein" (ebd.) zurück, um Sicherheitsvorsorge „im Bewusstsein eines umfassenden gesamtstaatlichen und globalen Sicherheitsverständnisses zu entwickeln" (ebd.).[41]

Zum anderen wird hier deutlich, wie sich die Semantik um *Sicherheitsvorsorge* der Sicherheitspolitik einerseits und die Semantik um *zivile Krisenprävention* der Außenpolitik andererseits verbinden. Der Aktionsplan wird hier semantisch auf das Begriffspaar „Zivile [sic] Krisenprävention" (ebd.) reduziert und zugleich als Beispiel mit der Semantik um „Sicherheitsvorsorge" (ebd.) in Verbindung gebracht. Demzufolge lässt sich daraus schließen, dass die Semantik um *Kri-*

---

41 Hier sei angemerkt, dass der Adaptionsprozess des Vokabulars um *Sicherheitsvorsorge* vom Aktionsplan 2004 zum Weißbuch 2016 nicht bedeutet, dass das Vokabular im Aktionsplan das erste Mal in Erscheinung trat.

senprävention als ein Instrument innerhalb des Instrumentariums *Sicherheitsvorsorge* verstanden wird. Die Vokabel *Prävention* weist dabei starke semantische Ähnlichkeiten mit *Vorsorge* auf, denn auch hier findet sich die Semantik um „Vorbeugung" (*Prävention* auf Duden online) wieder. Gleichwohl werden die beiden Vokabeln *Vorsorge* und *Prävention* mitunter auch synonym verwendet (vgl. ebd.). Dementsprechend pointiert auch das Weißbuch den präventiven Fokus des Aktionsplans, indem wie folgt ein Bekenntnis zu einer „stärker präventiv [ausgerichteten]" (Weißbuch 2006: 27) Außenpolitik erzählt wird:

> „Mit dem Aktionsplan ‚Zivile Krisenprävention, Konfliktlösung und Friedenskonsolidierung' hat die Bundesregierung ihre Entschlossenheit bekräftigt, deutsche Beiträge zu Frieden, Sicherheit und Entwicklung schrittweise stärker präventiv auszurichten und dadurch wirksamer und nachhaltiger zu gestalten. Durch mehr und breiter angelegte Prävention soll das Risiko krisenhafter Entwicklungen und damit die Notwendigkeit insbesondere militärischer Krisenreaktion vermindert werden" (Weißbuch 2006: 27).

Zugleich wird dabei deutlich, dass sich die Semantik der (zivilen) *Krisenprävention* dezidiert von der sicherheitspolitischen Semantik um ein Vokabular mit militärischen Bezügen abzugrenzen versucht. Die o. g. Sequenz verdeutlicht eindrücklich, dass die Semantik um *Prävention* dem militärischen Mitteln zeitlich vorgelagert zu sein scheint. Die Bundesregierung bringt ihre Überzeugung zum Ausdruck, dass eine „stärker präventiv" (ebd.) ausgerichtete Sicherheitsvorsorge, der „Notwendigkeit […] militärischer Krisenreaktion" (ebd.) vorbeugen kann. Die Semantik um *militärische Sicherheitsvorsorge* wird hier gewissermaßen als die ‚Ultima Ratio' bundesdeutscher Außen- und Sicherheitspolitik stilisiert, wobei Präventionsarbeit derselben vorbeugen soll.

So auch skizziert sich das Vokabular um die Trennung zwischen *ziviler und militärischer Sicherheitsvorsorge* im Aktionsplan selbst. Auch im Grundlagendokument wird das militärische Charakteristikum der Sicherheitspolitik betont, das sich im Gesamtkonzept der *Sicherheitsvorsorge* einfügt. Die Abgrenzung der Semantik von einer *zivilen* Semantik einerseits und einer *militärischen* Semantik andererseits wird dabei ressort- und politikfeldübergreifend in der Semantik einer „auf Vorbeugung und Eindämmung von Krisen zielenden Außen- und Sicherheitspolitik" (Aktionsplan 2004: 8) kommuniziert. Dies geschieht als Beitrag einer „multinationalen Sicherheitsvorsorge" (ebd.), wie es die folgende Sequenz zusammenfassend resümiert:

> „Zivile und militärische Maßnahmen müssen aufeinander abgestimmt werden; Abrüstung, Rüstungskontrolle und Rüstungsexportkontrolle sind von zentraler Bedeutung, um den Einsatz von militärischen Mitteln zur Austragung von Konflikten einzudämmen. Streitkräfte als Teil einer auf Vorbeugung und Eindämmung von Krisen zielenden Außen- und Sicherheitspolitik

können Beiträge zur multinationalen Sicherheitsvorsorge und zur Stärkung der internationalen Sicherheitsorganisationen leisten" (Aktionsplan 2004: 8).

5.3.2 Sicherheitsvorsorge als *Sicherheitsversprechen*

5.3.2.1 Sicherheitsvorsorge als gesamtstaatliche Aufgabe

Die Semantik um *Sicherheitsvorsorge* wird von der Bundesregierung in der Erzählung im jüngsten Narrativ *früher, entschiedener, substanzieller* als eine *gesamtstaatlich konzipierte* Aufgabe beschrieben (vgl. Leitlinien 2017: 17, vgl. Weißbuch 2016: 48). Im Weißbuch 2016 heißt es hierzu konkret:

> „Innere und äußere Sicherheit sind nicht mehr trennscharf voneinander abzugrenzen. Störungen und Gefährdungen bewegen sich vielfach an deren Schnittstelle. Sie nehmen gezielt Verwundbarkeiten unserer offenen und global vernetzten Gesellschaft ins Visier. Unter diesen Rahmenbedingungen bedarf es wirksamer gesamtstaatlicher Sicherheitsvorsorge. Hierzu zählen der Schutz der Souveränität und Unversehrtheit des deutschen Staatsgebiets und seiner Bürgerinnen und Bürger sowie die Rettung in Not geratener deutscher Staatsangehöriger im Ausland" (Weißbuch 2016: 48).

Dessen ungeachtet nehmen die Leitlinien 2017 Bezug auf die Ausführungen der Sicherheitsvorsorge im Weißbuch:

> „Ausgehend von diesem Gestaltungsanspruch, unseren Möglichkeiten, Interessen und Werten sowie der Analyse des sicherheitspolitischen Umfeldes bestimmt das Weißbuch die strategischen Prioritäten Deutschlands: 1. die Gewährleistung gesamtstaatlicher Sicherheitsvorsorge [...]" (Leitlinien 2017: 16-17).

Anhand der beiden Sequenzen lässt sich beobachten, dass die Bundesregierung das Instrumentarium der Sicherheitsvorsorge als etwas beschreibt, das vordergründig im Aufgabenbereich des Staates liegt und auch von ihm ausgeht. Ferner tritt gleichermaßen zutage, dass eine Erzählung um *Sicherheitsvorsorge* bemüht wird, die sich abermals um ein *Mehr* konstituiert. Die Bundesregierung beschreibt ihre Überzeugung, dass sie über ein bestimmtes bereits vorhandenes Maß der *Sicherheitsvorsorge* hinausgeht, was bei den Vorgängerdokumenten mitunter noch ausreichend erschien. Diese *Mehr*-Semantik wird im Rahmen der Sicherheitsvorsorge als etwas Staatszentriertes verstanden, demzufolge der Staat auch aufgefordert ist, mehr zu tun, um Sicherheit *vorzusorgen*. So auch listet sie im Weißbuch einen konkreten Maßnahmenkatalog stichpunktartig auf, der die Semantik um das *Mehr* in sich trägt:

> „Die Bundesregierung wird die nationale Sicherheitsvorsorge umfassender ausrichten, indem sie Schutzziele fortlaufend identifiziert und anpasst; die Planungen zur zivilen Verteidigung [Aufrechterhaltung der Staats- und Regierungsfunktionen, Zivilschutz, Versorgung, Unterstützung der Streitkräfte] mit dem Ziel vorantreibt, Verfahren der Krisenbewältigung zu harmonisieren; einen gesamtgesellschaftlichen Dialog zu den Erfordernissen künftiger Sicherheitsvorsorge an der Bundesakademie für Sicherheitspolitik institutionalisiert; die Sicherheitspartnerschaft von Staat, Wirtschaft und Wissenschaft durch regelmäßigen Austausch intensiviert sowie diese prioritär im Bereich des Cyber- und Informationsraums umsetzt, unter anderem indem im Rahmen der Cybersicherheitsstrategie für Deutschland präventive Maßnahmen stärker betont sowie ganzheitlich betrachtet und angegangen werden; ergänzend wird die Zusammenarbeit auf internationaler Ebene ausgebaut, insbesondere mit unseren Partnern in NATO und EU“ (Weißbuch 2016: 59-60; im Original mit Aufzählungszeichen).

An der recht konkreten *Mehr*-Semantik hinsichtlich der Sicherheitsvorsorge offenbart sich aus kontingenztheoretischer Sicht die Überzeugung der Bundesregierung, dass sie die zunehmende Kontingenz mittels *staatszentrierten Handelns* zu bewältigen versucht. Auch hier ist sie offenkundig davon überzeugt, dass das zunehmend problematischer antizipierte Handlungsumfeld mithilfe eines *Mehr*-Engagements des Staates zu bearbeiten ist, das hier im Maßnahmenkatalog seinen Ausdruck findet. Das kontingenter werdende Handlungsumfeld wird von der Bundesregierung dabei offenkundig als eine Ganzheitlichkeit wahrgenommen, die sich in einer Vollständigkeit ihrer Entitäten sowie der Gesamtheit ihrer Eigenschaften und Beziehungen untereinander ausdrückt. Um Sicherheit *vorzusorgen*, ist es demzufolge mittels eines *Mehr an staatlichem Engagement* möglich, die außen- und sicherheitspolitische Kontingenz sowie ihre Eigenschaften und Beziehungen untereinander im Handlungsumfeld zu bewältigen.

5.3.2.2 Semantik um *Mess- und Analyseinstrumente* der Krisenfrüherkennung

Es lässt sich beobachten, dass die Mess- und Analyseinstrumente der Krisenfrüherkennung (vgl. Leitlinien 2017: 110-112; vgl. Weißbuch 2016: 50-52) von der Bundesregierung als Möglichkeit verstanden werden, dem Irrationalen und Unkalkulierbaren eines kontingenten Handlungsumfelds mittels Rationalismus zu begegnen. Die Bundesregierung skizziert dabei ausführlich ihre Vorstellungen in den Leitlinien, was sie unter der Semantik um *Krisenfrüherkennung* versteht. Diese präsentiert sie in einem farblich hervorgehobenen Textfeld, das als semantische Grenzziehung für die weiteren Ausführungen um *Krisenfrüherkennung* fungiert:

> „Krisenfrüherkennung ist die indikatorengestützte, frühzeitige Identifikation von politischen, wirtschaftlichen und gesellschaftlichen Entwicklungen, die das Potential bergen, Konflikte innerhalb von Staaten und Gesellschaften gewaltsam eskalieren zu lassen. Krisenfrüherkennung bildet eine entscheidende Grundlage für Krisenprävention, indem sie Handlungsspielräume durch zeitlichen Vorlauf vergrößert“ (Leitlinien 2017: 110).

Ferner betont sie in den Leitlinien ihr Vorhaben zugleich, die besagten „Analyseinstrumente“ (Leitlinien 2017: 11) rund um die Krisenfrüherkennung weiter auszubauen:

> „Die Bundesregierung wird ihre Analyseinstrumente dahingehend schärfen, dass sie politische, wirtschaftliche und strukturelle Entwicklungen im Blick behalten kann, welche die Entstehung oder Verschärfung von Krisen begünstigen“ (Leitlinien 2017: 11).

Demgegenüber fällt im Weißbuch die Semantik um eine Begriffserklärung von *Krisenfrüherkennung* weitaus weniger ausführlich aus. Hier wird keine Begriffsbestimmung wie in den Leitlinien angeboten. Es ist lediglich ein Bekenntnis zur Krisenfrüherkennung zu erkennen, das um abstrakte Ausführungen der Art und Weise ergänzt wird:

> „Voraussetzung für unser wirksames und frühes Engagement ist Krisenfrüherkennung. Diese muss nationale und internationale, staatliche und nichtstaatliche Expertise zu einem aussagekräftigen Gesamtbild zusammenführen. Dabei gilt es, sowohl innovative Wege und Ansätze [von ‚need to know‘ zu ‚need to share‘] als auch Instrumente und Methoden zu nutzen, die es ermöglichen, die unterschiedlichsten Informationen zu bündeln, zu analysieren und auszuwerten [etwa ‚Big Data‘ und ‚Advanced Analytics‘]“ (Weißbuch 2016: 50).

In beiden Begriffsbestimmungen lassen sich gleichwohl semantische Berührungspunkte finden. Die Bundesregierung ist offensichtlich davon überzeugt, *rationale Mess- und Analyseinstrumente der Krisenfrüherkennung* zu nutzen. Die Semantik um „indikatorengestützte, frühzeitige Identifikation von politischen, wirtschaftlichen und gesellschaftlichen Entwicklungen“ (Leitlinien 2017: 110) oder „Instrumente und Methoden zu nutzen, die es ermöglichen, die unterschiedlichsten Informationen zu bündeln, zu analysieren und auszuwerten“ (Weißbuch 2016: 50) deuten darauf hin, dass in den Überzeugungsstrukturen der Glaube an den Rationalismus fest verankert zu sein scheint. Dieser drückt sich insofern aus, als dass mittels indikatorengestützter Mess- und Analyseinstrumente Krisen früher erkannt werden können, um auf diese Weise für *Sicherheit vorzusorgen*. Dementsprechend dient der Rationalismus selbst als maßgebliche ‚Variable' für die Entscheidungsfindung der Bundesregierung. Im folgenden Zitat aus den Leitlinien tritt sein Stellenwert zutage:

> „Krisenfrüherkennung bildet eine wesentliche Grundlage für frühes und entschiedenes Handeln zur Krisenprävention. Sie erlaubt es, vermeidbare Überraschungen zu reduzieren und die Politik besser auf mögliche Eskalationen vorzubereiten" (Leitlinien 2017: 11).

An der Sequenz ist darüber hinaus die Textpassage „vermeidbare Überraschungen zu reduzieren" (ebd.) äußerst interessant, offenbart sie doch tieferliegende Überzeugungsstrukturen der Bundesregierung im Umgang mit Kontingenz. So skizziert sie hier die Überzeugung, „vermeidbare Überraschungen" (ebd.), die in der Zukunft liegen, mittels *rationalistischer Methode* bewältigen zu können. Dabei ist bemerkenswert, dass ein zentrales semantisches Charakteristikum von *Überraschungen* darin besteht, dass sie ‚plötzlich' und ‚unerwartet' eintreten und gerade deshalb nicht „vermeidbar" (ebd.) sein können. Die Überzeugung, dass das *Unerwartete* und *Plötzliche* in der Semantik um *Überraschung* „vermeidbar" ist, muss aus kontingenztheoretischer Sicht verworfen werden. Kontrafaktisch geschlussfolgert, müsste die Bundesregierung vielmehr das Unvermeidbare zulassen und versuchen, kreativ und spielerisch mit den Überraschungen der Kontingenz umzugehen. Krisenfrüherkennung folgt hier offensichtlich der kontingenzverschließenden Semantik um die Fiktion von Eindeutigkeit, die mittels Rationalität versprochen wird. Dementsprechend lässt sich anhand der Sequenz festhalten, dass das „Rationalitätsversprechen […] weiterhin die normative Geschäftsgrundlage des politischen Betriebs" (Geis 2012: 144) darzustellen scheint.

5.3.2.3 Semantik um *Expertenwissen*

In der Semantik der Grundlagendokumente ist ein semantischer ‚Trend' um die Generierung von Wissen zu beobachten, der die Binnenerzählung um *früher, entschiedener, substanzieller* als Instrument innerhalb der *Sicherheitsvorsorge* auf verschiedenste Weise semantisch durchzieht und sich unter den Begriff ‚Expertenwissen' subsumieren lässt (vgl. Leitlinien 2017: 135-144; vgl. u. a. im Weißbuch 2016: 59-60).[42] Als *Expertenwissen* ist ebenjenes Wissen gemeint, das einer gewissen ‚Expertise' unterliegt. Damit ist ein Wissen angesprochen, das dadurch

---

[42] Hier sei angemerkt, dass der ‚Trend' zum *Expertenwissen* auch fernab des Feldes der Außen- und Sicherheitspolitik wahrzunehmen ist, der meist mit der zunehmenden Ausdifferenzierung der Wissenschaftspraxis begründet wird. Doch gerade in den Sozialwissenschaften ist über das Für und Wider dieser Wissenskategorie eine Debatte entstanden (vgl. bspw. ein kritischer Gastbeitrag in DIE ZEIT von Moritz Breithaupt und Martin Kolmar von 2018 mit dem Titel

charakterisiert ist, dass es streng fachbezogen und vertieft ist. Die Träger dieses Wissens werden zum ‚Experten' oder ‚Kenner' ihres Spezialgebiets. Im allgemeinen Sprachgebrauch wird die Semantik um den *Experten* auch mit „Sachverständiger, Fachmann, Kenner" (*Experte* auf Duden online) gleichgesetzt.

Trennung von (theoretischem) Wissen und (praktischen) Handlungen

So konstituieren sich in dem jüngsten Narrativ bundesdeutscher Außen- und Sicherheitspolitik ebenfalls Semantiken um ein *Expertenwissen*. Besonders auffällig ist, dass sich die Semantik um *Expertenwissen* dabei von anderen Wissensbeständen in einer binären Logik abzugrenzen versucht. Die Bundesregierung unterscheidet in ihrer Beschreibung zwischen dem *(theoretischen) Wissen* und einem dazugehörigen Expertentum einerseits und den *(praktischen) Handlungen* andererseits. Kontingenzsensible semantische Zwischenräume, die Möglichkeiten eröffnen könnten, fehlen hier gänzlich. Dabei ist zugleich eine monokausale Unterstellung seitens der Bundesregierung rekonstruierbar, die in der Semantik um *Mehr*-Wissen zusammenfassend zutage tritt. Dies drückt sich insofern aus, als dass das *Mehr an (theoretischem) Wissen* zu einem *Mehr an Handlungsfähigkeit* führt. Dieses Vorgehen darf als konträr zu einem kontingenzsensiblen Bewusstsein im Umgang mit Wissen verstanden werden, da das zentrale Paradox, dass jedweder Zuwachs an Wissen auch stets zum Zuwachs von Nichtwissen führt, nicht antizipiert wird.

Dass die Semantiken um *Wissen* im Allgemeinen und *Wissenschaft* als jener Bereich, der Ersteres produziert, eine besondere Relevanz im Instrumentarium der *Sicherheitsvorsorge* besitzen, zeigen die folgenden Ausführungen im Weißbuch. Zunächst ist festzuhalten, dass Wissen als strategische Ressource von der Bundesregierung begriffen wird, weshalb der Semantik um *Wissen* in den Überzeugungsstrukturen eine übergeordnete Relevanz zukommt:

> „Wissen bleibt für Deutschland eine strategische Ressource" (Weißbuch 2016: 22).

‚Wenn Experten zögern'). Gleichwohl ist diese Debatte nicht gänzlich neu. Bereits 1953 hat der Philosoph Isaiah Berlin die Trennung von Allgemeinwissen einerseits und Expertenwissen andererseits in einem Beitrag vollzogen und bildlich in eine Tierparabel übertragen, die Berlin wie folgt zusammenfasst: „Der Fuchs weiß viele Dinge, aber der Igel weiß eine große Sache" (Berlin 2009 [1953]: 7). Bezugnehmend auf den griechischen Dichter Archilochos beschreibt Berlin darin die Unterscheidung zwischen Allgemeingelehrte als ‚Füchse', die sich als vielseitig interessierte Personen von einer Vielzahl von Entitäten angezogen fühlen. Die ‚Igel' legen demgegenüber ihren Fokus auf einen einzigen, meist sehr spezifischen Bereich, in dem sie sich gewissermaßen ‚einigeln' und umfassende Expertise in ihm nachweisen können (vgl. ebd.).

Ferner weist die Bundesregierung gerade im Kontext von Digitalisierung und dem Cyber-Raum darauf hin, dass Informationen in der Wissensgesellschaft des 21. Jahrhunderts als kritische Infrastruktur eingestuft wird. Die Semantik um *Wissen* (um Informationen) erfährt hier folglich eine Aufwertung in der strategischen Prioritätensetzung der Sicherheitsvorsorge, die als Reaktion auf das sich verändernde Handlungsumfeld zu deuten ist:

> „Informationen, ihre Verteilung, Wahrnehmung und Interpretation sind kritische Faktoren und Ressourcen in der Wissensgesellschaft des 21. Jahrhunderts" (Weißbuch 2016: 36).

In diesem Kontext ist zu fragen, wie das Wissen, das als strategische Ressource betrachtet wird, für das außen- und sicherheitspolitische Handeln im Rahmen der Semantik um *Sicherheitsvorsorge* verortet wird. Dabei lässt sich zum einen eine semantische Trennlinie beobachten, die auf der einen Seite Semantiken um *Wissen* und *Theorie* beheimatet und auf der anderen Seite Semantiken um *Praxis* und *Handeln* entfaltet. In der folgenden Sequenz bekennt sich die Bundesregierung dazu,

> „ihr Augenmerk verstärkt auf innovative Formate des wechselseitigen Transfers von Wissen zwischen Wissenschaft und Praxis [zu] legen. Erkenntnisse aus der Wissenschaft sollen schnell und zielgerichtet für Entscheidungsträger in Politik, Sicherheitsinstitutionen und Zivilgesellschaft nutzbar gemacht werden" (Leitlinien 2017: 138).

Daran wird deutlich, dass die Bundesregierung offenkundig die ontologische Grenzziehung zwischen *Theorie* und *Praxis* vollzieht. So wird die Semantik um „Erkenntnisse" (ebd.) dezidiert als eine der Wissenschaft zugehörige beschrieben, da von ihr das *Wissen produziert* wird – denn es sind „Erkenntnisse aus der Wissenschaft" (ebd.). Die Akteure in der *Praxis* hingegen, d. h. „Entscheidungsträger in Politik, Sicherheitsinstitutionen und Zivilgesellschaft" (ebd.), sind demgegenüber die *Empfänger des Wissens*. In diesem Verständnis werden die *Theoretiker der Wissenschaft* zu Experten in sicherheitsrelevanten Wissensbereichen von der Bundesregierung stilisiert. Dabei ist in der Semantik ein dichotomisches Denken zu vernehmen, das sich in *Subjekt* und *Objekt* teilt. Das *Subjekt* stellt dabei die Bundesregierung dar, dem gewissermaßen das Wissen um ‚reales' Handeln und Entscheiden zugutekommt. Es kann zugleich als eher allgemeingültiges *Praxiswissen* beschrieben werden. Das *Objekt Theorie* hingegen wird – so deutet es sich hier an – von der Bundesregierung als Entität verstanden, die rationale Erkenntnisse auf abstrakterer Ebene produzieren kann. Dieses Wissen kann mitunter als Expertenwissen bezeichnet werden. Kontingenzsensible Zwischenräume werden an dieser Stelle vergebens gesucht. Dabei schließt die Bundesregierung zwar nicht aus, dass Wissen auch in beide Richtungen verlaufen kann, was sich an der Semantik um „wechselseitigen Transfer“ (ebd.) in der o. g. Sequenz andeutet. Nichtsdestotrotz hält sie an dieser binären Trennung mit einer scharfen semantischen Trennlinie fest. Kontrafaktisch argumentiert ist es möglich, dass das ‚objektive‘ Expertenwissen auch von der Bundesregierung produziert werden könnte – und umgekehrt auch. Hier scheint recht deutlich eine semantische Konstruktion um das Expertenwissen von der Bundesregierung aufgebaut zu werden, das die kontingente Vielfalt der Wissensproduktion nicht abbildet.

Wissensanhäufung

Zum anderen indes tritt zutage, dass das Wissen und seine Anhäufung als ‚Ressource‘ innerhalb der Semantik um *Sicherheitsvorsorge* einer Kausalitätsunterstellung seitens der Bundesregierung unterliegt. Dementsprechend lässt sich in den Leitlinien die Bereitschaft erkennen, das *Expertenwissen zu diversifizieren.* Die Bundesregierung zählt dafür in den Leitlinien diverse Produzenten auf, die Expertenwissen extern produzieren können:

> „Beratung durch Wissenschaft und Forschung“ (Leitlinien 2017: 138), „Religionsgemeinschaften“ (ebd.: 139), „Die [sic] deutschen politischen Stiftungen“ (ebd.), „Private [sic] Stiftungen“ (ebd.) sowie „Wirtschaftsunternehmen“ (ebd.).

Anhand des Versuchs zeigt sich zunächst, dass durch die *Anhäufung von möglichst viel und diversifiziertem Wissen* eine erhöhte Handlungsfähigkeit gewährleistet wird. Die Bundesregierung folgt hier der Überzeugung, dass ein *Mehr an Wissen* zu einem *Mehr an Handlungsfähigkeit* führt. Die Semantik deutet auch hier auf eine kausale Ganzheitlichkeitsunterstellung seitens der Bundesregierung hin, die sich in ebenjener Semantik um das Adverb *mehr* ausdrückt. Ebenjene Ontologie ist auch im Folgekapitel der Leitlinien rekonstruierbar. Dort suggeriert die Bundesregierung in ihrer Semantik, dass mittels einer Semantik um ein *Mehr an Wissen mittels Evaluierung und Monitoring* Handlungsfähigkeit gewährleistet wird. Daher sind die Verfahren der Qualitätssicherung relevant,

> „um auch dann handlungsfähig zu bleiben, wenn – wie oft in Krisensituationen – nicht alle Rahmenbedingungen kontrollierbar sind und jedes Eingreifen mit Risiken verbunden ist“ (Leilinien 2017: 140).

Hier wird die Überzeugung der Bundesregierung deutlich, dass dem Unkalkulierbaren und Irrationalen der Kontingenz mittels *Mehrwissen* entgegengewirkt wird. Aus kontingenztheoretischer Sicht folgt sie hier in weiten Teilen der paradoxalen

Überzeugung, dass jedweder Wissenszuwachs zugleich auch das Nichtwissen nährt.

5.4 ...als auch *Resilienz, Kreativität und Dialog* als gelebtes Kontingenzbewusstsein andererseits.

Der Ansatz der *Resilienz*, die Semantik um *Kreativität*, aber auch die *Dialogbereitschaft* der Bundesregierung können als Ausdruck eines *gelebten Kontingenzbewusstseins* interpretiert werden. Alle drei Begrifflichkeiten innerhalb der Binnenerzählung *früher, entschiedener, substanzieller* haben die Gemeinsamkeit, dass sie bewusst und aktiv einen Umgang mit Kontingenz suchen. So lässt sich anhand der Semantiken veranschaulichen, dass sie den kontingenzsensiblen Faktor um die Grenzen des Wissens als „kognitive Ungewissheit“ (Geis 2012: 154) vereinnahmen und geradezu einen konfrontativen sowie kurativen Umgang mit Kontingenz suchen, um sich auf das Irrationale und Unkalkulierbare ebenjener (teilweise) einzulassen (Stichwort: virtù). In den Semantiken von *Resilienz, Kreativität und Dialog* finden vielmehr höherwertige Logiken Verwendung, die kontingenzoffen mit den Möglichkeiten und Alternativen umgehen und die kontingente Ungewissheit als Möglichkeitsräume und einen Zugewinn an „Freiheit und Autonomie“ (ebd.: 144) betrachten.

5.4.1 *Resilienz, Kreativität* und *Dialog* und die Grenzen des Sicherheitsversprechens

5.4.1.1 Resilienzaufbau als *gesamtgesellschaftliche* Aufgabe

Semantik um *Resilienz* im allgemeinen Sprachgebrauch

Um sich auch hier der Semantik von *Resilienz* anzunähern, soll zunächst eine begriffliche Annäherung über das Wörterbuch als Ausdruck des allgemeinen Sprachgebrauchs stattfinden. Das Substantiv *Resilienz* wird dort umschrieben als

> „psychische Widerstandskraft; Fähigkeit, schwierige Lebenssituationen ohne anhaltende Beeinträchtigung zu überstehen“ (*Resilienz* auf Duden online).

Der Begriff *Resilienz* lässt sich demzufolge als „psychische Widerstandskraft“ (ebd.) oder der „Fähigkeit, schwierige Lebenssituationen ohne anhaltende Beeinträchtigungen zu überstehen“ (ebd.), übersetzen. Hier zeigt sich in semantischer Kontrastierung mit *Sicherheitsvorsorge*, dass *Resilienz* weniger präventiv versucht, Sicherheit *vorzusorgen*, sondern vielmehr den Unsicherheiten *konfrontativ* begegnen möchte. Es sollen die *schwierigen Lebenssituationen*, die aus kontingenztheoretischer Sicht unvermeidbar sind, *proaktiv und kurativ* bearbeitet werden. Hieran wird deutlich, dass dem Aufbau der *Widerstandskräfte* auch stets ein *kuratives* Momentum des Fähigkeitsaufbaus abverlangt wird. Insofern schwingen bei der

Vokabel *Resilienz* auch immer Semantiken wie *Anpassungsprozesse* oder *Adaptionsprozesse* mit, die der „Fähigkeit [entsprechen], schwierige Lebenssituationen ohne anhaltende Beeinträchtigungen zu meistern. Die Semantik um *Resilienz* im allgemeinen Sprachgebrauch kann als ein Möglichkeitsbewusstsein interpretiert werden, das kontingenten Risiken und Herausforderungen im Hier und Jetzt *konfrontativ und kurativ* begegnet.[43]

Synchroner und (kein) diachroner Vergleich

Dass die Semantik um *Resilienz* die direkte Reaktion auf das kontingenter werdende Handlungsumfeld der Gegenwart zu sein scheint, offenbart sich daran, dass die Begrifflichkeit nicht in den Vorgängerdokumenten konstituiert wurde. Die Bundesregierung führt weder im Aktionsplan von 2004 noch im Weißbuch 2006 die Begrifflichkeit (vgl. Tabelle 1). Dieser Umstand deutet darauf hin, dass die Strategiebildung im jüngsten Narrativ Mittel und Möglichkeiten sucht, einen Umgang mit dem Unkalkulierbaren und Irrationalen der Kontingenz zu suchen. Allein dieser Befund darf bereits als Ausdruck eines strategischen Kontingenzbewusstseins bewertet werden. Zugleich weist die Semantik um *Resilienz* in den jüngsten Grundlagendokumenten eine äußerst hohe Produktivität hinsichtlich ihrer Verwendungshäufigkeit auf. Die folgende absolute Häufigkeitsverteilung zeigt sowohl im diachronen als auch im synchronen Vergleich das Auftreten des Substantivs *Resilienz*:

	Aktionsplan 2004	**Weißbuch 2006**	**Weißbuch 2016**	**Leitlinien 2017**
Abs. Häufigkeiten von *Resilienz*	0	0	27	6

Tabelle 1: Vergleich der absoluten Häufigkeiten des Substantivs *Resilienz* im Aktionsplan 2004, Weißbuch 2006, Weißbuch 2016 und den Leitlinien 2017.

Hier fällt hinsichtlich der quantitativen absoluten Häufigkeitsverteilung zugleich auf, dass das Weißbuch 2016 im synchronen Vergleich mit den Leitlinien 2017 weitaus häufiger das Substantiv *Resilienz* mit sich führt (vgl. Tabelle 1). Daraus lässt sich schließen, dass Resilienz eine weitaus höhere Bedeutung hinsichtlich der Semantik im Weißbuch 2016 besitzt.

---

43 Hier sei angemerkt, dass die Semantik seit den 2000er-Jahren eine kontinuierlich steigende Produktivität hinsichtlich ihrer Verwendung im allgemeinen Sprachgebrauch aufweist (vgl. *Resilienz* auf DWDS). An dieser Stelle deutet sich an, dass die Begrifflichkeit einen gesellschaftsfeldübergreifenden Bedeutungszuwachs erfährt und nicht nur in der Außen- und Sicherheitspolitik von Bedeutung ist.

Auf qualitativer Ebene hingegen tritt zutage, dass die Relevanz um *Resilienz* in beiden Grundlagendokumenten von außerordentlicher Bedeutung zu sein scheint. Die Semantik wird in beiden Dokumenten in einem farblich hervorgehobenen Textfeld entfaltet, das sich deutlich von dem eigentlichen Fließtext absetzt (vgl. Weißbuch 2016: 49; Leitlinien 2017: 70). In ebenjenen Textfeldern übersetzt die Bundesregierung zugleich auch ihr Verständnis von *Resilienz*. In den Leitlinien 2017 wird *Resilienz* wie folgt verstanden:

> „Resilienz ist die Fähigkeit von Menschen und Institutionen – seien es Individuen, Haushalte, Gemeinden oder Staaten – akute Schocks oder chronische Belastungen aufgrund von volatilen Situationen, Krisen, gewaltsamen Konflikten und extremen Naturereignissen zu bewältigen, sich anzupassen und sich rasch zu erholen, ohne mittel- und längerfristige Lebensperspektiven zu gefährden“ (Leitlinien 2017: 70).

Der Übersetzung der o. g. Sequenz lässt sich attestieren, dass sie der Semantik des Wörterbuchs nahekommt. So ist auch hier die Semantik um den proaktiven Aufbau einer kurativen „Fähigkeit“ (ebd.) zu lesen, die dabei jedoch auf den Kontext des Politikfelds der Außen- und Sicherheitspolitik übertragen und semantisch spezifiziert wurde. Dies drückt sich hier insofern aus, als dass erstens neben den „Menschen“ (ebd.) auch „Institutionen“ (ebd.) adressiert werden. Wies die allgemeinere Semantik doch eine enge *anthropozentrische* Perspektive auf, öffnet sich die außen- und sicherheitspolitische Sicht auch *nichtmenschlichen* Semantiken. Zweitens ist die im Wörterbuch diffus gehaltene Semantik um *schwierige Lebenssituationen* in die Kontexte der Außen- und Sicherheitspolitik übertragen worden, wobei auch hier der Schwerpunkt auf der Entfaltung des *Krisennarrativs* liegt, die sich in

> „akute[n] Schocks oder chronische[n] Belastungen aufgrund von volatilen Situationen, Krisen, gewaltsamen Konflikten und extremen Naturereignissen [ausdrückt]“ (Leitlinien 2017: 70).

Drittens erfährt die Handlungsanweisung im allgemeinen Sprachgebrauch eine semantische Spezifizierung, um die Infinitivkonstruktion *zu überstehen*. So übersetzt die Bundesregierung in den Leitlinien den *Aufbau von Resilienz* mit „zu bewältigen, sich anzupassen und sich rasch zu erholen“ (ebd.). Die Semantik um die drei Verben *bewältigen*, *anpassen* sowie *erholen* ist insofern interessant, als dass sie verstärkt eine Veränderungsbereitschaft von Handelnden abverlangt, die einen aktiven Umgang mit den kritischen Gegebenheiten voraussetzt. Die drei Verben transportieren hier aktionale Informationen, die sich als *aktive Handlungsanweisung* ausdrücken. Dies darf hier als die Aufforderung von der Bundesregierung interpretiert werden, offen mit dem unkalkulierbaren Kontingenzen umzugehen.

Im Weißbuch 2016 stellt die Bundesregierung die Semantik um *Resilienz* wie folgt in einem Textfeld dar:

> „Gefährdungen für Staat und Gesellschaft sind unter den Bedingungen des aktuellen und künftigen Sicherheitsumfelds nur eingeschränkt vorhersehbar. Klassische Herausforderungen wie die militärische Bedrohung unseres Territoriums durch Streitkräfte anderer Staaten sind gegenüber diffusen und nur schwer zuzuordnenden hybriden Gefährdungen in den Hintergrund getreten. Angreifer nutzen in wachsendem Maße die Möglichkeiten, die sich aus Globalisierung, Technologisierung und Digitalisierung ergeben, um unsere offenen Gesellschaften zu attackieren. Die Landes- und Bündnisverteidigung ist dabei keineswegs obsolet geworden – im Gegenteil: Sie wird einen anderen Charakter annehmen müssen. Auch künftig werden sich Herausforderungen kontinuierlich verändern und Angreifer gezielt nach Verwundbarkeiten in unserem offenen System suchen. Dabei nutzen sie zudem die Möglichkeiten des technischen Fortschritts, um unerkannt zu bleiben. Vor dem Hintergrund des dynamischen Sicherheitsumfelds und dieser Attributionsproblematik gewinnt der Aufbau von Resilienz zunehmend an Bedeutung. Neben einem wirkungsvollen Beitrag zur Abschreckung strebt Resilienz auch den Ausbau der Widerstands- und Adaptionsfähigkeit von Staat und Gesellschaft gegenüber Störungen, etwa durch Umweltkatastrophen, schwerwiegende Systemfehler und gezielte Angriffe, an. Ziel ist es, Schadensereignisse absorbieren zu können, ohne dass die Funktionsfähigkeit von Staat, Wirtschaft und Gesellschaft nachhaltig beeinträchtigt wird. Der Ausbau der Gesamtresilienz ist dabei das Produkt der fortschreitenden Resilienzbildung in den genannten Bereichen" (Weißbuch 2016: 49).

Zunächst fällt im direkten Vergleich der Übersetzung von *Resilienz* mit den Leitlinien auf, dass die Sequenz weitaus ausführlicher und entsprechend auch länger ausfällt. Dies deutet darauf hin, dass das sicherheitspolitische Politikfeld sich offenkundig der Thematik um Resilienz stärker angenommen hat und sich demzufolge der Verdacht der quantitativen Auswertung erhärtet, dass ihr im Weißbuch grundsätzlich mehr Relevanz beigemessen wird.

Auf inhaltlicher Ebene sticht hervor, dass das Gefährdungspotenzial durch eine Semantik um das *Unerwartete* stärker betont wird. So antizipiert die Bundesregierung die Veränderungen ihres Handlungsumfelds, indem sie aufgrund der „diffusen und nur schwer zuzuordnenden hybriden Gefährdungen" (ebd.) ihre Möglichkeiten der Handlungsfähigkeit nur als „eingeschränkt vorhersehbar" (ebd.) betrachtet. Diese Semantik darf als kontingenzsensible Reaktion auf die Unmöglichkeit eines vollständig kontrollierbaren Handlungsumfelds interpretiert werden, das sich zugleich durch die Treiber „Globalisierung, Technologisierung und Digitalisierung“ (ebd.) zunehmend kontinuierlich verändert. Ebenjene zitierten Substantive und ihre Semantik stehen aus kontingenztheoretischer Sicht für die *fortschreitende Dynamik funktionaler Ausdifferenzierung*, die in eine allumfassende gesellschaftliche Kontingenzzunahme mündet. So entfaltet auch die Bundesregierung eine kontingenzsensible Semantik, bei der sie ein „dynamische[s] Sicherheitsumfeld [...]“ (ebd.) und seine „Attributionsproblematik“ (ebd.) wahrnimmt. Hier sucht sie ebenfalls einen *proaktiven* Umgang mit der Kontingenz, indem sie ihr *kurativ* mittels „Ausbau der Widerstands- und Adaptionsfähigkeit“ (ebd.) entgegenzutreten gedenkt. Das Ziel ist hier nicht die Bewältigung der Kontingenz, um das die Semantik um *Sicherheitsvorsorge* bemüht ist, sondern vielmehr die Möglichkeit, kontingente „Schadensereignisse absorbieren zu können [...]“ (ebd.). Hier zeichnet sich eindeutig eine auffällig kontingenzsensible Semantik hinsichtlich des Instruments der *Resilienz* ab.

Offene Kommunikationskultur zwischen Staat, Wirtschaft und Gesellschaft

Dass die Semantik um *Resilienz* als eine Semantik umschrieben werden kann, die die Grenzen des Sicherheitsversprechens der Sicherheitsvorsorge kommuniziert, veranschaulicht das Bekenntnis bundesdeutscher außen- und sicherheitspolitischer Kommunikation um die *Grenzen der Möglichkeiten staatlichen Wirkens*. Resilienz erscheint deutlich als Semantik, die die *Grenzen gesamtstaatlicher Sicherheitsvorsorge* hervorhebt und dabei vielmehr die *Gesamtgesellschaft* in die Pflicht nimmt.

Im Weißbuch 2016 wird der Aufbau von Resilienz neben der eigentlichen Begriffserklärung auffallend ausführlich als konkrete Maßnahme dargelegt. Dabei deutet die Bundesregierung eine *Dialogbereitschaft* an, um die Grenzen einer staatlich indizierten Sicherheitsvorsorge zu besprechen. Dies geschieht abermals im Rahmen eines ausführlich gestalteten Textfeldes:

> „Resilienzaufbau erfordert die Bereitschaft zur kontinuierlichen und flexiblen Weiterentwicklung der bestehenden (Infra-)Strukturen und Verfahren. Dem Aufbau entsprechender Kapazitäten zur frühzeitigen und präventiven Identifizierung von Verwundbarkeiten kommt dabei zentrale Bedeutung zu. In diesem Zusammenhang bedarf es des begleitenden Dialogs über die Grenzen von Sicherheit und das akzeptable Risikoniveau für Staat, Wirtschaft und Gesellschaft. Transparenz in der Kommunikation zwischen allen Parteien, die gleichzeitig dem sensiblen Charakter spezifischer Informationen Rechnung trägt, muss leitendes Prinzip sein“ (Weißbuch 2016: 60).

In diesem Absatz des Textfeldes kommuniziert die Bundesregierung offen die grundsätzlichen Grenzen ihrer Möglichkeiten, Sicherheit überhaupt *vorsorgen* zu können. Daneben findet sich die „Bereitschaft zur kontinuierlichen und flexiblen

Weiterentwicklung" (ebd.) der Mittel und Instrumente „zur frühzeitigen und präventiven Identifizierung von Verwundbarkeiten" (ebd.) – eine Semantik also, die *staatliche gesteuerte Sicherheitsvorsorge* zum Ausdruck bringt, wobei sie zugleich eine *offene Kommunikationskultur* im Umgang mit Sicherheit und ihren Grenzen fordert. Anhand dieser Semantik tritt die Überzeugung zutage, dass es neben den strukturellen Bedingungen der Sicherheitsvorsorge auch eines „begleitenden Dialogs über die Grenzen von Sicherheit für Staat, Wirtschaft und Gesellschaft [bedarf]" (ebd.). Als konkrete Handlungsanweisung für diese offene Kultur der Sicherheitskommunikation ist dafür eine „Transparenz in der Kommunikation zwischen allen Parteien [nötig]" (ebd.). Daher geht auch aus diesem Absatz hervor, dass eine allumfassend garantierte, vom *Staat* ausgehende Sicherheitsvorsorge von der Bundesregierung selbst als Fiktion betrachtet wird – aus kontingenztheoretischer die Conditio sine qua non für einen offenen und gesellschaftsfeldübergreifenden Umgang mit Kontingenz. So legt sie hier den Grundstein für ein kontingenzsensibles Bewusstsein, das ein „akzeptable[s] Risikoniveau für Staat, Wirtschaft und Gesellschaft" (ebd.) findet und zugleich einen *offenen Dialog* um die unvermeidbaren Kontingenzen kommuniziert.

Ferner bekräftigt die Bundesregierung ihr Vorhaben, den *Resilienzaufbau als gesamtgesellschaftliche Aufgabe* zu betrachten, indem sie Staat, Wirtschaft und Gesellschaft gleichermaßen in die Pflicht nimmt:

> „Menschen und Institutionen – seien es Individuen, Haushalte, Gemeinden oder Staaten" (Leitlinien 2017: 70).

Ebenjene semantische Trias aus *Staat, Wirtschaft* und *Gesellschaft* findet sich im Weißbuch 2016. So heißt es in dem Textfeld zum *Resilienzaufbau* weiter:

> „Risiken bestehen gleichermaßen für Staat, Wirtschaft und Gesellschaft. Die materielle Infrastruktur von Staat und Wirtschaft ist ebenso Angriffsziel wie die öffentliche Meinung, die vielfach Versuchen externer Einflussnahme ausgesetzt ist. Nachhaltige Resilienzbildung in unserem offenen und demokratischen System ist daher eine gesamtgesellschaftliche Aufgabe. Gesellschaftlicher Selbstschutz und Selbsthilfe im Schadensfall ergänzen dabei staatliche und unternehmerische Vorsorge- und Bewältigungsmaßnahmen" (Weißbuch 2016: 60).

Die Semantik um *Resilienzaufbau* als „gesamtgesellschaftliche Aufgabe" (ebd.), die „Staat, Wirtschaft und Gesellschaft" (ebd.) betrifft, rechtfertigt die Bundesregierung um die Semantik eines *Risikobegriffs*. Hier offenbart sich ein kontingenzsensibles „Risikoverständnis" (ebd.), das semantisch über die *staatlichen* Instrumente und Mittel sowie ihren Möglichkeitsbereich hinausgeht. Vielmehr kommuniziert die Bundesregierung ein kontingenzoffenes Zusammenspiel, das aus *einem breiten Risikoverständnis* hervorgeht, und dass entsprechend eine *gesellschaftsfeldübergreifende Zusammenarbeit* nötig sei, da die „Risiken [...] gleichermaßen für Staat, Wirtschaft und Gesellschaft [bestünden]" (ebd.).

Über die gesellschaftsfeldübergreifende Semantik zeigt sich ferner zugleich eine Semantik des ‚Sowohl-als-Auch', da hier *sowohl Resilienz als auch Sicherheitsvorsorge* als Mittel und Instrumente deutscher Außen- und Sicherheitspolitik kommuniziert werden. Auf diese Weise ergänzen die Mittel und Instrumente um „gesellschaftlicher [sic] Selbstschutz und Selbsthilfe im Schadensfall [...] dabei staatliche und unternehmerische Vorsorge- und Bewältigungsmaßnahmen" (ebd.). Es findet zwar auch hier eine binäre semantische Trennung von dem institutionellen Rahmengeber aus *Staat* und *Wirtschaft* als Initiator für „Vorsorge- und Bewältigungsmaßnahmen" (ebd.) einerseits und der *Gesellschaft* als Träger der „öffentliche[n] Meinung" (ebd.) andererseits statt. Dass dabei aber die *Gesellschaft* gewissermaßen ‚aufgefordert' wird, mittels „Selbstschutz und Selbsthilfe" (ebd.) *staatlich losgelöst* Möglichkeiten zu entwickeln, darf als Fortschritt hinsichtlich eines kontingenzsensiblen *gesellschaftsfeldübergreifenden Risikoverständnisses* betrachtet werden. Die staatliche Sicherheitsvorsorge zu „ergänzen" (ebd.), darf als eine *Sensibilisierung der Gesellschaft für Kontingenz* gewertet werden.

Internationaler Resilienzaufbau

Im abschließenden Absatz des Textfeldes im Weißbuch erläutert die Bundesregierung die Semantik um *Resilienzaufbau in einem internationalen Kontext*, wobei auch hier das reziproke Zusammenspiel der Semantiken um *Sicherheitsvorsorge* und *Resilienz* betont wird:

> „In dem Maße, in dem die Herausforderungen des 21. Jahrhunderts ihrem Charakter und ihren Wirkungen nach grenzüberschreitend sind und die wechselseitigen Abhängigkeiten zwischen Staaten, Gesellschaften und Volkswirtschaften weiter steigen, bedarf es darüber hinaus der Resilienzbildung im Verbund mit unseren Verbündeten und Partnern. Die wechselseitige Verschränkung sämtlicher Maßnahmen zur Resilienzbildung auf allen Ebenen folgt dabei der Erkenntnis, dass verbesserte Resilienz auf internationaler Ebene auch der nationalen Sicherheitsvorsorge zugutekommt" (Weißbuch 2016: 60).

Auch in den Leitlinien 2017 begreift die Bundesregierung die Semantik um *Resilienz* als exportierendes außenpolitisches Instrument, indem sie *Partnerländer* zu mehr Resilienz ertüchtigen möchte. Hier rekurriert sie auf die strategischen Maßnahmen zum Resilienzaufbau innerhalb des institutionellen Geflechts der EU, wobei sie hier die Umsetzung des strategischen Grundlagendokuments der Globalen Strategie fordert:

> „Entsprechend der Globalen Strategie muss zudem die Stärkung von Resilienz mehr in den Fokus rücken“ (Leitlinien 2017: 127).

Aus den beiden Grundlagendokumenten geht hervor, dass die Semantik um *Resilienzaufbau* eine *internationale Bedeutungsebene* in sich trägt. Dies darf als Reaktion verstanden werden, dass der Staat den Herausforderungen des kontingenter werdenden globalen Handlungsumfelds nicht (mehr) gewachsen zu sein scheint. Die Bundesregierung präsentiert hier dezidiert ein Handlungsumfeld, das unter dem Eindruck steht, dass „die wechselseitigen Abhängigkeiten zwischen Staaten, Gesellschaften und Volkswirtschaften weiter steigen“ (Weißbuch 2016: 60). An dieser Semantik lässt sich die Überzeugung der Bundesregierung herauslesen, dass die wachsenden Dynamisierungsprozesse und die allumfängliche gesellschaftliche Komplexitätszunahme *internationale Phänomene* seien. So leitet die Bundesregierung aus dieser Beobachtung ihre strategische Forderung ab, den *Resilienzaufbau zu internationalisieren*, um rückwirkend die *nationale Sicherheitsvorsorge* zu stärken. Die „Resilienzbildung im Verbund mit unseren Verbündeten und Partnern“ (ebd.) folgt hier der Erkenntnis, „dass verbesserte Resilienz auf internationaler Ebene auch der nationalen Sicherheitsvorsorge zugutekommt“ (ebd.). Die Schussfolgerung der Bundesregierung muss als deren Eingeständnis verstanden werden, dass eine nationalstaatliche gedachte Bearbeitungslogik der Kontingenz nicht die Erfordernisse erfüllen kann, Resilienzaufbau in ausreichender Weise auch auf nationaler Ebene betreiben zu können.

5.4.1.2 Grenzen rationaler Analyse- und Messinstrumente sowie Semantiken um *Kreativität*

Dass die Bundesregierung in den jüngsten Grundlagendokumenten ein kontingenzsensibles Möglichkeitsbewusstsein besitzt, zeigt auch die Kommunikation von den Grenzen der Methoden- und Analyseinstrumente der Krisenfrüherkennung. Während im ‚klassischen‘ Instrumentarium der Sicherheitsvorsorge der Ausbau in den *Methoden- und Analyseinstrumenten der Krisenfrüherkennung* gefördert werden soll (vgl. Leitlinien 2017: 110-112; vgl. Weißbuch 2016: 50-52), werden hier zugleich auch ihre *Grenzen* kommuniziert. Dies kann als Versuch interpretiert werden, dem kontingenten Charakter von Krisen konfrontativ statt präventiv zu begegnen. Genau hier fordert sich die Bundesregierung offenkundig selbst auf, neue *kreative* Möglichkeitsräume zu suchen, die sich gerade mit dem Unkalkulierbaren und Irrationalen einer jeden Krise beschäftigen. Die Bundesregierung formuliert ihre Erfolgsaussichten, Krisen mittels rationaler Methoden zu begegnen, ernüchternd:

> „Die Bundesregierung wird ihre Analyseinstrumente dahingehend schärfen, dass sie politische, wirtschaftliche und strukturelle Entwicklungen im Blick behalten kann, welche die Entstehung oder Verschärfung von Krisen begünstigen. Dabei gilt es, realistisch zu bleiben: Krisen lassen sich auch mit Hilfe sehr guter Frühwarnmechanismen nicht immer im Detail vorhersagen" (Leitlinien 2017: 111).

Als besonders auffällig in der Sequenz ist die Semantik um „realistisch zu bleiben" (ebd.), da diese die Grenzen der Möglichkeiten um die Analyse- und Messinstrumente der Krisenfrüherkennung zum Ausdruck bringt. Hier offenbart sich zunächst, dass die Semantik der Infinitivkonstruktion mit dem Adjektiv *realistisch* eine Bedeutung in sich trägt, die Assoziationen mit ‚Objektivierbarkeit' oder ‚Versachlichung' mit sich führt. Dabei ist bemerkenswert, dass ebenjene Semantik die Möglichkeiten der Vorhersehbarkeit „auch sehr guter Frühwarnmechanismen" (ebd.) relativiert. Die Bundesregierung gesteht gewissermaßen ein, dass sich Krisen nicht „immer im Detail vorhersagen" (ebd.). Eine kontrafaktische Umdeutung dieser Argumentation um *realistisch zu bleiben* zeigt eindeutig die tieferliegenden Überzeugungsstrukturen. Demzufolge heißt es hier, dass die Bundesregierung davon überzeugt ist, dass es *unrealistisch* sei, davon auszugehen, dass Krisen ausschließlich mithilfe rationaler Methoden der Mess- und Analyseinstrumente der Krisenfrüherkennung vorhersehbar seien.

In dieser Tonalität kommuniziert sie gleichwohl auch im Weißbuch deutlich die Grenzen ihrer Handlungsmöglichkeiten, indem sie auf die Grenzen des Zusammenspiels ihrer verfügbaren Mittel und Instrumente hinweist:

> „Unsere sicherheitspolitischen Mittel und Instrumente sind umfangreich und vielfältig. Dennoch sind sie begrenzt" (Weißbuch 2016: 57).

Die Bundesregierung folgt hier mithin der grundsätzlichen Erkenntnis, dass Kontingenz, die sich im Zukünftigen und Unvorhersehbaren ausdrückt, nicht mit den *begrenzten Mitteln und Instrumenten* lösen lässt. Dies darf als ein kontingenzsensibles Eingeständnis über die Grenzen der verfügbaren Methoden rationaler Analyse- und Messinstrumente zur Vorhersage von Krisen verstanden werden.

Semantik um *kreatives Handeln* in den Leitlinien 2017

Wie die Bundesregierung einen solchen Umgang mit dem Unkalkulierbaren und Irrationalen der Kontingenz konkret ausgestaltet, deutet sie zugleich auch an. So ist der Umgang mit Krisen und Konflikten fernab von rationalen Mess- und Analyseinstrumenten mittels einer Semantik um *Kreativität* rekonstruierbar, der als spielerischer Umgang mit Kontingenz zu beschreiben ist (Stichwort: virtù). Die Bundesregierung verwendet in den Leitlinien abermals ein Zitat einer externen

Expertin (hier Helga Schmid vom Europäischen Auswärtigen Dienst [EAD]) als Beispiel, die eine hochgradig kontingente Situation im EU-Kontext umschreibt. Zugleich entwickelt die Bundesregierung als Handlungsanweisung eine Semantik um *politischer Wille, Effektivität, Ressourcenbindung*, aber auch *Kreativität*, wie die folgende Sequenz veranschaulicht:

> „Wenn die Alarmglocken für einen Konflikt läuten, müssen wir gemeinsam mit den Mitgliedstaaten der Europäischen Union den kollektiven politischen Willen dafür aufbringen, effektiv, kreativ und mit ausreichend Ressourcen ausgestattet zu reagieren. Deutschland spielt dabei als Mitgliedstaat mit Einfluss und Glaubwürdigkeit eine wichtige Rolle“ (Helga Schmid in den Leitlinien 2017: 111).

Ferner skizziert die Bundesregierung eine konkrete Situation beispielhaft zur Illustration, in der eine Auslandsvertretung der Bundesrepublik aufgrund einer *akuten, nicht vorhersehbaren Krise* ihr Personal abziehen musste – eine Situation also, die sich als hochgradig kontingent beschreiben lässt und insofern problematisch aus Sicht der Bundesregierung ist, als dass sie relevante Analysefähigkeiten sowie Handlungsmöglichkeiten einbüßt. Hier bedient sie sich ebenfalls der Semantik um *Kreativität*, um auf die Kontingenzen der Situation zu reagieren:

> „Wenn eine Auslandsvertretung in einem Krisenstaat aus Sicherheitsgründen die operative Tätigkeit einstellen oder in letzter Konsequenz geschlossen werden muss, hat dies erhebliche Konsequenzen für die Fähigkeiten zur Analyse der Lage wie für die Steuerung von Vorhaben. Hier gilt es, kreative Lösungen zu entwickeln, wie dies beispielsweise im Bereich der ‚Fernsteuerung‘ von Projekten bereits geschehen ist“ (Leitlinien 2017: 114).

Das Vokabular um die Infinitivkonstruktion „kreative Lösungen zu entwickeln“ (ebd.) kann als kontingenzsensibles Möglichkeitsbewusstsein umschrieben werden, das einen *proaktiven* Umgang mit der Kontingenz der Situation sucht, da sie sich der Grenzen der Handlungsfähigkeit bewusst ist. Die beiden Sequenzen veranschaulichen, dass die Bundesregierung ein Bewusstsein für problematische Situationen besitzt, die nicht mittels rationaler Methodik lösbar zu sein scheinen. Die hochgradige Kontingenz der jeweiligen Situation wird von der Bundesregierung erkannt, da sie zugleich den Versuch unternimmt, Handlungsalternativen mittels *Kreativität* zu erschließen. Die Semantik um *Kreativität* fungiert hier folglich als ein Mittel, das Möglichkeitsräume für die Handlungsoptionen der Bundesregierung eröffnet, die sich nicht in den rationalen Methoden der Analyse- und Messinstrumente der Krisenfrüherkennung abbilden lassen.

Semantik um *Flexibilität* und *Agilität* im Weißbuch 2016

Vergleichbar mit den Ausführungen in den Leitlinien hinsichtlich der Grenzen der Möglichkeiten der Analyse- und Messinstrumente, wird auch im Weißbuch 2016 eine kontingenzsensible Semantik entfaltet, die sich demgegenüber aber an Begriffen der *Flexibilität* und *Agilität* festmacht. So werden dort als „grundlegende Anforderungen an unser Handeln" (Weißbuch 2016: 56) die folgenden beiden Sequenzen in Stichpunkten aufgezählt:

> „Agil und flexibel gegenüber Bekanntem und Unvorhersehbarem: Angesichts der Bandbreite möglicher Herausforderungen ist unser sicherheitspolitisches Instrumentarium entsprechend agil und flexibel auszugestalten und anzuwenden" (Weißbuch 2016: 56; Hervorhebungen im Original).

Ferner heißt es weiter:

> „Eine flexible und nachhaltige Ausrichtung gewährleistet die schnelle Reaktion auch auf schwer absehbare Ereignisse und daraus erwachsende Gefährdungen. Nur so ist der notwendige Schutz der Menschen in Deutschland plan- und gestaltbar" (Weißbuch 2016: 57).

Dementsprechend vertritt die Bundesregierung offenkundig auch hier die Überzeugung, dass „schwer absehbare Ereignisse" (ebd.) nicht (ausschließlich) mittels rationaler Mess- und Analyseinstrumente handhabbar zu sein scheinen. Während jedoch in den Leitlinien die Semantik um *Kreativität* bemüht wird, ersetzt hier das Vokabular um *Flexibilität* und *Agilität* diese Semantik. Doch auch dieses Vokabular dient vordergründig dazu, Möglichkeitsräume zu erschließen, die eine hochgradige Kontingenz der Situation mit sich bringen.

Bemerkenswerter Weise wird diese Semantik indes zugleich dazu verwendet, um *bekannte Situationen* („Bekanntem" [Weißbuch 2016: 56]) zu umschreiben. Diese sind semantisch eindeutig zu trennen von den *unvorhersehbaren Situationen* (ebd.: „Unvorhersehbarem" [ebd.]) und unterliegen einem Bereich, dem eher die ‚klassischen' rationalistischen Methoden der Analyse- und Messinstrumente zuzuschreiben wären. Die Bundesregierung folgt hier daher der Erkenntnis, dass auch weniger kontingente und damit leichter absehbare Ereignisse kontingenzsensibel als stets temporär verstanden werden und sich in politischen Alternativen und Möglichkeitsräumen abbilden lassen. Aus kontingenztheoretischer Sicht darf die Erkenntnis der Bundesregierung als Überzeugung gewertet werden, dass Außen- und Sicherheitspolitik eine permanente Verwaltung von Kontingenz verkörpert, die sich in einem Prozess der ständigen Öffnung und Schließung der Kontingenz ausdrückt.

5.4.1.3 Grenzen von Expertenwissen und Semantiken um *Dialogräume*

Während im Rahmen des Instrumentariums der Sicherheitsvorsorge die Semantik um *Expertenwissen* allumfassend entfaltet wurde, zeigt sich zugleich im Rahmen der Semantik um *Dialogräume*, dass mitunter die Grenzen der Wissensanhäufung und Differenzierung des *Expertenwissens* kommuniziert werden. Dies ist insofern aus kontingenztheoretischer Sicht zentral, als dass die Anhäufung von Wissen einer grundsätzlichen Paradoxie unterliegt: Kausal geschlussfolgert, steigt mit jedem Wissen auch das Nichtwissen. Eine Fiktion, dass es ganzheitliches und damit absolutes Wissen geben könnte, muss demzufolge aus dieser Perspektive verworfen werden. Vielmehr rückt dabei die Möglichkeit des Umgangs mit Nichtwissen als „ausschlaggebende Variable" (Stehr 2003: 272) in den Vordergrund.

Die Außen- und Sicherheitspolitik der Bundesregierung sollte aus kontingenzsensibler Sicht ein Bewusstsein für Nichtwissen entwickeln, das einerseits die Grenzen um die Möglichkeiten der Wissensanhäufung darlegt als auch andererseits Möglichkeitsräume im Umgang mit dem Nichtwissen sucht. Auf diese Weise dürfte das Wissensparadox produktiv und gewinnbringend antizipiert werden. Anhand zwei zentraler Semantiken lässt sich der Umgang der Bundesregierung mit dem kontingenzsensiblen Wissensparadox rekonstruieren: *Synthese-Wissen* und *Dialogräume*. Die beiden Semantiken bilden den Umgang mit Wissen ab, der deutlich von der Semantik des *Expertenwissens* zu unterscheiden ist. Beide Formen des Wissens stellen – dies kann gezeigt werden – ein Eingeständnis der Bundesregierung dar, dass auch die höchstmögliche Anhäufung von Expertise und ihr (vermeintliches) Rationalitätsversprechen deutliche Grenzen in der kontingenten Vielfalt ihres Handlungsumfelds aufweist.

Semantik um Synthese-Wissen

So hat sich zum einen aus dem Kodierprozess ergeben, dass eine gänzlich andere Form des Expertenwissens in den strategischen Grundlagendokumenten semantisch konstruiert wird. Das zentrale Charakteristikum scheint hierbei darin zu bestehen, dass es sich im Gegensatz zum stark ausdifferenzierten und hochspezifischen Expertenwissen als *generalisierbares Allgemeinwissen* umschreiben lässt. Ulrich Schneckener konstatiert hierzu mittels Zitat in den Leitlinien 2017 Folgendes:

> „Für die Fragen von Gewalt- und Krisenprävention, Friedenssicherung und Konfliktbearbeitung wird beides benötigt: sowohl spezialisiertes, fall- und kontextbezogenes Wissen als auch generalisierbares ‚Synthese-Wissen'" (Ulrich Schneckener in den Leitlinien 2017: 138).

Interessant ist dabei zunächst die Verwendung der Vokabel um „Synthese-Wissen" (ebd.) selbst, die aller Voraussicht nach einem eher spontanen Neologismus aus den zwei Substantiven *Synthese* und *Wissen* zu repräsentieren scheint. In einschlägigen Wörterbüchern findet sich ein solches Kompositum nicht. So auch erklären sich die einfachen Anführungszeichen innerhalb der Zitation selbst, die eindeutig auf die Wortneuschöpfung aufmerksam machen sollen. Zum Ausdruck möchte der externe Experte indes auch bringen, dass das *Synthese-Wissen* im Gegensatz zum *Expertenwissen* eine zentrale Eigenschaft aufweist, die sich in dem Adjektiv „generalisierbares" (ebd.) ausdrückt. Mit dem Begriff *Synthese* leiht sich Schneckener eine Vokabel, die im ursprünglichen Sinn ihre Bedeutung im Fachbereich der Chemie konstituiert und wie folgt verstanden wird:

> „Aufbau einer Substanz aus einfacheren Stoffen" (*Synthese* auf Duden online).

Hier geht es dem Zitierten folglich darum, zu verdeutlichen, dass eine Form von einfacherem und deshalb *generalisierbarem Wissen* „aus einfacheren Stoffen" (ebd.) neben der Form des Expertenwissens koexistieren kann und zugleich sollte. Unterdessen führen die beiden Semantiken selbst eine *‚synthetische' Beziehung*, da die Wissensbestände gewissermaßen gemeinsam eine neue höherwertige „Substanz" (ebd.) entstehen lassen. Das eher *generalisierbare Wissen* muss als eine Ergänzung zum Expertenwissen und nicht als konkurrierende Semantik betrachtet werden. Auch hier wird die übergeordnete Denklogik um die Semantik des ‚Sowohl-als-Auch' sichtbar.

Gleichwohl veranschaulicht die zitierte Textpassage ein Bewusstsein der Bundesregierung über die *Grenzen der Möglichkeiten der Rationalitätssteigerung mittels Expertenwissen.* Kontrafaktisch geschlussfolgert, bräuchte sie kein ‚laienhaftes' Wissen, wenn das *Expertenwissen* im Stande wäre, das von ihr propagierte Rationalitätsversprechen einhalten zu können. Sie antizipiert hier daher (unbewusst) das kontingenzsensible Wissensparadox und gesteht doch ein, dass das *rationale Expertenwissen und seine Anhäufung sichtbare epistemische Grenzen* haben, die ebenfalls kommuniziert werden.

Semantik um *Dialogräume*

Zum anderen wird ersichtlich, dass die Bundesregierung offenkundig darum bemüht ist, die Grenzen rationalistischer Wissensanhäufung in konkreten Maßnahmen und Instrumenten strategisch abzubilden. Hier ist in den gegenwärtigen Grundlagendokumenten in erster Linie eine Semantik um *Dialogräume* und *Debatten* von besonderer Bedeutung. In diesem Sinne darf auch die folgende Sequenz aus dem Weißbuch als Bekenntnis zur *Dialogbereitschaft* verstanden werden:

> „In diesem Zusammenhang bedarf es des begleitenden Dialogs über die Grenzen von Sicherheit und das akzeptable Risikoniveau für Staat, Wirtschaft und

> Gesellschaft. Transparenz in der Kommunikation zwischen allen Parteien, die gleichzeitig dem sensiblen Charakter spezifischer Informationen Rechnung trägt, muss leitendes Prinzip sein" (Weißbuch 2016: 60).

Hier offenbart sich die Bereitschaft der Bundesregierung, *Dialogräume* „über die Grenzen von Sicherheit und das akzeptable Risikoniveau für Staat, Wirtschaft und Gesellschaft" (ebd.) zu schaffen. Als Ziel kommuniziert sie in der besagten Sequenz, dass eine vollumfängliche „Transparenz in der Kommunikation" (ebd.) hergestellt werden sollte. Auch in den Leitlinien ist eine vergleichbare Semantik um *Dialogräume* rekonstruierbar. Abermals kommt dabei ein Zitat als Einschub von einer externen Person zum Einsatz, wobei es sich in diesem Fall um einen unbekannten Teilnehmenden handelt, der eine öffentliche Veranstaltung der Bundesregierung besuchte. Es darf demnach davon ausgegangen werden, dass es sich bei dieser Person nicht um einen bekannten Experten handelt, sondern stattdessen ‚nur' um eine/um einen an außen- und sicherheitspolitischen Themen interessierte Bürgerin/interessierten Bürger. Interessant ist dies insofern, als dass hier bereits das Bekenntnis zum *Synthese-Wissen* gelebt wird, da auch das einfachere Wissen in den Leitlinien abgebildet wird. Der Teilnehmende äußerte sich während der Veranstaltung wie folgt:

> „Die Bundesregierung und zivilgesellschaftliche Organisationen müssen gemeinsam die politische Strategie verfolgen, Dialogräume zu schaffen, in denen staatliche und zivilgesellschaftliche Akteure offen über die politischen Rahmenbedingungen der Zusammenarbeit diskutieren sowie gemeinsam lernen und reflektieren können" (Teilnehmer der Veranstaltung ‚Zivilgesellschaft in der Krisenprävention und Friedensförderung' am 05.10.2016 in den Leitlinien 2017: 135).

So geht aus den Sequenzen aus dem Weißbuch 2016 und den Leitlinien 2017 anhand der Semantik um *Dialogräume* hervor, dass die Bundesregierung sich der Grenzen des Expertenwissens bewusst ist. Die Semantiken um *Grenzen von Wissen* und *Dialog* werden in beiden Sequenzen in Verbindung zueinander gebracht, wobei das zentrale Charakteristikum ein partizipatives Moment ist. Ein *Dialog* ist eine Kommunikationsform, die

> „von zwei oder mehreren Personen abwechselnd geführte Rede und Gegenrede; Zwiegespräch, Wechselrede" (Dialog auf Duden online).

Das entscheidende Merkmal besteht darin, dass es sich beim *Dialog* um eine bidirektionale Kommunikationsform handelt, die im Gegensatz zum klassischen Sender-Empfänger-Modell des Expertenwissens einen wechselseitigen Kommunikationsprozess als Voraussetzung hat. Die Wechselseitigkeit sowie ihre „Rede und Gegenrede“ (ebd.) haben zur Konsequenz für die bisherige unidirektionale Top-Down-Kommunikation, dass sich die Kommunikationskultur demokratisiert und sich die ‚klassische‘ Expertenrolle des Staates öffnen muss. Als semantischen Bindungspunkt darf mitunter die Semantik um „gemeinsam lernen“ (Leitlinien 2017: 135) aus der Sequenz der Leitlinien dienen, signalisiert dies doch die Bereitschaft der Bundesregierung, ‚lernen‘ zu wollen und nicht nur ‚wissen‘ zu können.

Auch die konkrete Umsetzung demonstriert, auf welche Art und Weise Partizipation und dialogische Kommunikationsprozesse die klassische Expertenrolle der Bundesregierung berühren. In den Grundlagendokumenten werden konkrete Formate genannt, die die partizipativen Verfahren unterstützen. So ist neben dem ‚Beirat Zivile Krisenprävention und Friedensförderung‘ auch die zivilgesellschaftliche Arbeitsgemeinschaft ‚Frieden und Entwicklung‘ (FriEnt) als gesellschaftsfeldübergreifender Zusammenschluss genannt:

> „Eine wichtige Plattform stellt auch die Arbeitsgemeinschaft Frieden und Entwicklung [FriEnt] dar, ein Zusammenschluss von wissenschaftlichen Instituten, kirchlichen Hilfswerken, zivilgesellschaftlichen Netzwerken, politischen Stiftungen und staatlichen Institutionen. FriEnt nutzt unterschiedliche Ansätze, Partnerstrukturen, Erfahrungen und Kompetenzen, um entwicklungs- und friedenspolitischen Herausforderungen besser begegnen zu können. Die Arbeitsgemeinschaft stellt fachliche Expertise zur Verfügung, bietet politik- und praxisrelevante Handlungsorientierung und wirbt in der Öffentlichkeit für die vielfältigen Ansätze und Potentiale von Friedensarbeit. FriEnt fördert den vertrauensvollen Dialog zwischen unterschiedlichen Akteurinnen und Akteuren der Krisenprävention und Friedensförderung auf nationaler und internationaler Ebene. Sie kann wichtige Impulse für die von der Bundesregierung geplante Lernplattform geben“ (Leitlinien 2017: 136).

So zeigt sich an der Semantik in der Sequenz, dass FriEnt neben der „fachliche[n] Expertise“ (ebd.) zugleich auch „politik- und praxisrelevante Handlungsorientierung und [...] in der Öffentlichkeit [fordert]“ (ebd.). Hier handelt es sich um eine Kommunikationsform, die dezidiert den Zugang zum gesellschaftsfeldübergreifenden ‚Laienpublikum‘ der Öffentlichkeit sucht und den Dialog dort weiterführt. Eine binäre semantische Grenzziehung zwischen einem vermeintlich unfehlbaren *Expertenwissen* einerseits und einem vermeintlich laienhaften *Synthese-Wissen* andererseits verschwimmt zunehmend. Dieser ‚Öffnungsprozess‘ darf als ein kontingenzsensibler Schritt verstanden werden, der eine kontingente Vielfalt im Verhältnis zwischen Öffentlichkeit, Politik und Wissenschaft ausdrückt. Das Wissen – sei es ‚laienhaft‘ oder ‚sachverständig‘ – wird hier mittels dialogischer Kommunikation demokratisiert.

Abschließend ist als ein ebensolches kontingenzöffnendes Format auch der Entstehungsprozess beider Grundlagendokumente selbst zu betrachten. Die Erstellung beider Leitlinien wurde von einem *inklusiven Debattenprozess* begleitet, der zugleich in beiden Grundlagendokumenten dokumentiert wird. Hierzu findet sich in den Leitlinien folgende Passage:

> „Die Erarbeitung der neuen Leitlinien wurde von einem Debattenprozess unter dem Titel ‚PeaceLab2016: Krisenprävention weiter denken' begleitet. Auf 27 Veranstaltungen mit über 1800 Teilnehmerinnen und Teilnehmern sowie online auf dem PeaceLab-Blog haben interessierte Bürgerinnen und Bürger, Wissenschaft, organisierte Zivilgesellschaft, Politik und Wirtschaft diskutiert, eingeschlagene Pfade entweder bestätigt oder Ideen für Verbesserungen eingebracht. Zentrale Aussagen der Teilnehmerinnen und Teilnehmer finden sich als Zitate auf den folgenden Seiten wieder. Sie illustrieren die Vielfalt der Debatte, ohne dass die Bundesregierung sich jeden Einzelaspekt zu Eigen macht" (Leitlinien 2017: 15).

Im Weißbuch heißt es hierzu in den Vorbemerkungen mit der Überschrift „Inklusiver Entstehungsprozess als Ausgangspunkt für eine neue sicherheitspolitische Debatte in unserem Land' (Weißbuch 2016: 17):

> „Das Weißbuch ist auch ein Beitrag der Bundesregierung zur sicherheitspolitischen Debatte in unserem Land. Es soll diese schärfen und insgesamt befördern. Darüber hinaus legt es unseren internationalen Partnern und Verbündeten dar, wie Deutschland künftig seine sicherheitspolitische Rolle in der Welt sieht. Das Weißbuch 2016 ist das erste sicherheitspolitische Grundlagendokument Deutschlands, das auf einer inklusiven Beteiligungsphase aufbaut. Nationale und internationale Expertinnen und Experten sowie interessierte Bürgerinnen und Bürger konnten sich auf unterschiedliche Weise in die Diskussion über die Zukunft deutscher Sicherheitspolitik einbringen. Mit diesem inklusiven und partizipativen Ansatz folgt das Weißbuch 2016 dem modernen Verständnis von Strategiefindungsprozessen. Er lebt vom Engagement, von den Beiträgen und kritischen Anregungen aus Politik, Wissenschaft, Zivilgesellschaft, Wirtschaft, interessierter Öffentlichkeit und internationalem Umfeld. Der inklusive Ansatz hat Denkanstöße und Ideen gegeben, die zur Ausgestaltung dieses neuen Strategiedokuments maßgeblich beigetragen haben. So ist das Weißbuch gleichzeitig auch Einladung und Appell, die sicherheitspolitische Debatte über seine Veröffentlichung hinaus engagiert fortzusetzen. Denn in einer offenen und lebendigen Demokratie ist Sicherheitspolitik eine ständige Gestaltungsaufgabe für alle Bereiche der Gesellschaft" (Weißbuch 2016: 17).

Die Grenzen des Expertenwissens werden hier offen eingestanden und mittels eines *reflexiven Debattenprozesses* konkretisiert. Wenn neben „Nationale [sic] und internationale Expertinnen und Experten" (ebd.) auch „interessierte Bürgerinnen und Bürger" (ebd.; Leitlinien 2017: 17) aktiv einbezogen werden, erhofft sich die Bundesregierung doch recht eindeutig davon, dass mithilfe des ‚Laienwissens' der Erstellungsprozess demokratisiert und damit vor allem auch mittel- bis langfristig legitimiert wird. Die Legitimation beider Dokumente erhöht sich aufgrund ihres partizipativen Kommunikationsprozesses erheblich, haben doch die unvermeidbaren Fehlentscheidungen nicht denselben Effekt der Delegitimierung. Hier ist ein ausgeprägtes Kontingenzbewusstsein der außen- und sicherheitspolitischen Strategiebildung rekonstruierbar, das offen mit dem Wissensparadox umgeht.

6 Resümee und praktische Mehrwerte

6.1 'In a Nutshell': Kontingenz und Strategiebildung deutscher Außen- und Sicherheitspolitik auf den Punkt gebracht

Die vorliegende Studie ist der Frage nachgegangen, wie sich der Umgang mit Kontingenz als Herausforderung für die Strategiebildung deutscher Außen- und Sicherheitspolitik in den gegenwärtigen strategischen Grundlagendokumenten um das Weißbuch von 2016 und den Leitlinien von 2017 gestaltet. Obwohl diese Studie sich zur Aufgabe gemacht hat, die konzeptuelle Vielfalt in ihrer ganzen Breite nach dem ‚Wie' zu rekonstruieren – und nicht als Begründung falschverstanden werden darf, ‚warum' die Bundesregierung sich (richtig oder falsch) verhält –, soll hier als Resümee zunächst eine stark verkürzte Antwort auf diese Frage gegeben werden: Ein Bewusstsein für Kontingenz und ihre impliziten Faktoren um Unkalkulierbarkeit, Irrationalität und Nichtwissen sind durchaus in den Überzeugungsstrukturen der gegenwärtigen Außen- und Sicherheitspolitik der Bundesrepublik rekonstruierbar, obwohl sich die Bundesregierung meist an den kontingenzverschließenden Rändern zwischen *Notwendigkeit* einerseits und *Unmöglichkeit* andererseits bewegt.

Die rekonstruierten Überzeugungsstrukturen um die Berücksichtigung der spezifisch deutschen Kontingenzerfahrung der jüngeren deutschen Geschichte sowie dem Versprechen, Sicherheitsvorsorge als Staat zu betreiben, dürfen dabei als *notwendige* strategische Implikationen genannt werden, die die Möglichkeits- und Alternativräume der Außen- und Sicherheitspolitik der Bundesrepublik Deutschland mitbestimmen und mitunter einschränken. Demgegenüber kann der Versuch der Bundesregierung, das von Krisen und Konflikten sich ständig verändernde kontingente Handlungsumfeld mittels Mess- und Analyseinstrumente kontrollierbar zu machen, als *Unmöglichkeit* beschrieben werden, da der Fiktion nachgegangen wird, Kontingenz bewältigen zu können. Doch zwischen diesen beiden Polen sind mitunter kontingenzsensible ‚Lichtblicke' identifizierbar, die sich in den Bemühungen der Bundesregierung um den *Aufbau von Resilienz*, die *Erschließung kreativer Handlungs- und Gestaltungsräume* sowie der *Schaffung von Dialogräumen mit dem begleitenden Debattenprozess* um die Erstellung der Dokumente selbst ausdrücken.

6.2 Zentrale Konzepte der Rahmen- und Binnenerzählung

Die aus dem Kodierprozess erarbeitete Grounded Theory und ihre zentralen Konzepte konstituieren sich auf zwei erzählerischen Ebenen, die zugleich auch die Studie strukturieren: die Rahmenerzählung (Kap. 4) und die Binnenerzählung (Kap. 5). Dabei ist die Rahmenerzählung um das Narrativ *Verantwortung übernehmen* der Binnenerzählung inhaltlich und strukturell übergeordnet, da das Vokabular einen weitaus höheren Grad der Abstraktion aufweist. Die hier rekonstruierte

Semantik ist diejenige, die gewissermaßen als ‚essentielle' Grundüberzeugungen der deutschen Außen- und Sicherheitspolitik verstanden werden kann. Auch kleinere Veränderungen des Vokabulars sind als weitreichende Veränderungen der Überzeugungsstrukturen zu bewerten, da sie einen ‚grundlegenderen' Charakter haben. Die Binnenerzählung um die drei Adjektive *früh(er), entschieden(er), substanziell(er)* kann hingegen als Semantik verstanden werden, die Maßnahmen, Mittel und Instrumente als konkrete Handlungs- und Gestaltungsanweisungen anzeigen.

Innerhalb der Rahmenerzählung *Verantwortung übernehmen* ist das zentrale Charakteristikum der Semantik ihre normative Dimension, die auf die Verfehlungen der jüngeren deutschen Geschichte und die Folgen des Zweiten Weltkrieges rekurriert. Sie geht auf eine hochgradige Kontingenzerfahrung durch die NS-Verbrechen zurück, die eine spezifisch deutsche Form der *Wiedergutmachung als historische Verantwortung Deutschlands* herausgebildet hat. Dabei konnte beobachtet werden, dass die gegenwärtige Semantik ihre Bedeutung indes aus der Vergangenheit bezieht und die Möglichkeits- und Alternativräume des Hier und Jetzt der Gegenwart als eine Form der *notwendigen Zurückhaltung* mitkonstituiert. Aus einer kontingenztheoretischen Perspektive werden hierbei die Möglichkeits- und Alternativräume sowie die Handlungs- und Gestaltungsoptionen der Außen- und Sicherheitspolitik der Bundesrepublik insofern eingeschränkt, als dass sie sich in einer kontingenzverschließenden Semantik *historischer Zwänge* artikuliert.

Gleichwohl ist das zweite zentrale Charakteristikum innerhalb der Rahmenerzählung *Verantwortung übernehmen* eine neuartige Form der *Verantwortungsbeauftragung*, die sich als eine extrinsische Reaktion auf ein kontingenter werdendes Handlungsumfeld und ihre neuen (Macht-)Verhältnisse herausgebildet hat. Im Gegensatz zur Erzählung um *Wiedergutmachung* wird dabei der strategische Blick auf die Kontingenzen des Hier und Jetzt der Gegenwart gelegt sowie um eine globale Handlungsebene und ihr internationales Handlungsumfeld erweitert. Als Treiber dieser neuartigen Erzählung um *Verantwortungsbeauftragung* halten zum einen die Erosionserscheinungen des internationalen Handlungsumfelds her, die von der Bundesregierung als Zunahme von Kontingenzen und damit als allumfassende Zunahme an Unsicherheit für ihre Entscheidungs- und Handlungsanweisungen antizipiert wird. Ebenso wird als Treiber die gestärkte eigene (Macht-)Position der Bundesrepublik wahrgenommen und kommuniziert, auf die die Bundesregierung mit der *Übernahme von Verantwortung* reagiert. Hierbei kristallisiert sich in der Kommunikation der Bundesregierung ein Zustand von *Verantwortlichkeit gegenüber anderen Staaten* im Allgemeinen heraus, wobei Deutschland sich im Speziellen bereit erklärt, in der Europäischen Union eine *Führungsrolle als zentraler Akteur* zu übernehmen. Beide Treiber haben indes gemein, dass sich die Bundesregierung den Kontingenzen ihres Handlungsumfeldes öffnen muss und sich ein entsprechendes strategisches Bewusstsein andeutet, das als kontingenzsensibler Öffnungsprozess zu umschreiben ist.

Die drei Adjektive der Binnenerzählung um *früh(er), entschieden(er), substanziell(er)* beschreiben in spezifischer Weise, wie der Umgang mit dem kontingenter werdenden Handlungsumfeld aus Sicht der Bundesregierung zu gestalten ist. Dabei ist die Bundesregierung davon überzeugt, dass das *Mehr* an Kontingenz im Handlungsumfeld mit einem *Mehr* an Handlungs- und Gestaltungsanweisungen beantwortet werden kann und sollte – wofür stellvertretend die drei Adjektive als stilistisches Trikolon stehen. Hier lässt sich die Überzeugung der Bundesregierung von der Möglichkeit einer ganzheitlichen und kausalen Bearbeitungslogik rekonstruieren, die sich insofern ausdrückt, als dass die Kontingenzen sich ganzheitlich bewältigen lassen könnten. Denn die Bundesregierung versteht das Verhältnis zwischen Handlungsumfeld und die daraus abgeleiteten Ziele einerseits und die Handlungs- und Gestaltungsanweisungen, die sich aus den verfügbaren Mitteln ergeben, andererseits gewissermaßen als ‚Nullsummenspiel', bei der die Zunahme auf der einen Seite mit der Zunahme auf der anderen Seite begegnet wird. Ein Versuch, der unter der kontingenzsensiblen Prämisse von der unendlichen Summe an Entscheidungs- und Handlungsmöglichkeiten nicht erfolgsversprechend sein dürfte.

Der gesamtstaatliche Ansatz der *Sicherheitsvorsorge* ist aus kontingenztheoretischer Sicht als unmöglich einzuhaltendes Sicherheitsversprechen zu beschreiben, das der Logik von Alternativlosigkeit und Eindeutigkeit folgt. Denn die Semantik um *Sicherheitsvorsorge* geht auf eine binäre, den kontingenten Handlungsmöglichkeiten-ausschließende Semantik eines ‚Entweder–oder' zurück, die aus kontingenztheoretischer Sicht als Fiktion zu betrachten ist, da der Handlungskontext einem ständigen Prozess der Veränderung und Dynamisierung unterliegt, und dieses Vokabular dem nicht gerecht wird. Dabei versteht die Bundesregierung *Sicherheitsvorsorge* als eine *gesamtstaatliche Aufgabe*. Auf der Basis von *rein staatlichen Mitteln* geht sie dabei dem Ziel nach, mittels *Mess- und Analyseinstrumente der Krisenfrüherkennung*, dem Irrationalen und Unkalkulierbaren des kontingenter werdenden Handlungsumfeldes zu begegnen. Unterdessen versucht sie, die Mess- und Analyseinstrumente mittels der Anhäufung von *Expertenwissen* zu ‚füttern', wodurch sie sich erhöhte Handlungs- und Gestaltungsmöglichkeiten im Umgang mit Krisen und Konflikten verspricht.

Gleichwohl ist aber auch ein Bewusstsein der Bundesregierung rekonstruierbar, dass über die Grenzen kommunizierter Sicherheitsfiktion der *Sicherheitsvorsorge* hinausgeht. Anhand der Semantiken um die Vokabeln *Resilienz, Kreativität und Dialog* lässt sich zeigen, dass die Bundesregierung innerhalb der Binnenerzählung ein Bewusstsein dahingehend hat, dass sie eine Art ‚spielerischen' Umgang mit den Kontingenzen sucht. So ist erstens der *Resilienzaufbau* als ein neuartiger Ansatz innerhalb des Repertoire der Bundesregierung zu nennen, der auf das kontingenter werdende Handlungsumfeld zurückgeht. Zugleich werden hier deutlich die Grenzen der Sicherheitsversprechen der gesamt*staatlichen* Sicherheitsvorsorge betont, da der gesamt*gesellschaftliche* Resilienzaufbau dezidiert das Unkalkulierbare und Unkontrollierbare der Kontingenz konfrontativ und kurativ begegnet.

Zweitens blitzen innerhalb der Grundlagendokumente immer wieder Semantiken um *Kreativität, Flexibilität* und *Agilität* auf, die die Grenzen der Analyse- und Messinstrumente der Krisenfrüherkennung zum Ausdruck bringen. Die Bemühungen um das Einbringen der Semantiken ist der Versuch der Bundesregierung, dem kontingenten Charakter von Krisen und Konflikten konfrontativ statt präventiv zu begegnen. Die Bundesregierung fordert sich selbst auf, *kreative* Möglichkeitsräume zu suchen, die sich gerade mit dem Unkalkulierbaren und Irrationalen von Krisen und Konflikten beschäftigen. Drittens zeigt sich im Rahmen der Semantiken um *Dialogräume* und *Debattenprozesse* ein Bewusstsein über die *Grenzen der Wissensanhäufung mittels Expertenwissen* und ein *differenzierter Wissensbegriff.* So konnte zum einen eine Semantik um ein generalisierbares *Synthesewissen* rekonstruiert werden, dass konträr zum hochspezifischen Expertenwissen gedacht werden muss. Und zum anderen wurde ersichtlich, dass die Bundesregierung offenkundig darum bemüht ist, die *Grenzen rationalistischer Wissensanhäufung* in konkreten Maßnahmen und Instrumenten strategisch abzubilden. Hier ist in den gegenwärtigen Grundlagendokumenten in aller erster Linie eine Semantik um *Dialogräume* und *Debatten* von besonderer Bedeutung. Denn die bundesdeutsche Außen- und Sicherheitspolitik öffnet sich gegenüber den Kontingenzen der Öffentlichkeit und versucht Transparenz herzustellen, indem das ‚klassische' Sender-Empfänger-Modell in ihrer Kommunikationslogik aufgebrochen wird und ein wechselseitiges, partizipatives und demokratisches Moment an Bedeutung gewinnt. Belegt werden kann diese Beobachtung im Besonderen damit, dass sowohl die Leitlinien 2017 als auch das Weißbuch 2016 von einem inklusiven Debattenprozess begleitet wurden, die die Delegitimierungseffekte aus Fehlentscheidungen, die aus kontingenztheoretischer Sicht unvermeidbar sind, abmildern.

Zusammenfassend lässt sich in der Binnenerzählung um *früh(er), entschieden(er), substanziell(er)* festhalten, dass die Bundesregierung darum bemüht ist, *sowohl* die eher als kontingenzverschließende Semantik der *Sicherheitsvorsorge* um das notwendige, aber unmöglich einzuhaltende Sicherheitsversprechen einerseits zu entfalten, als auch andererseits sich mittels Semantiken um *Resilienz, Kreativität* und *Dialog* den Kontingenzen zu öffnen – ein Schritt, der zugespitzt als ‚gelebtes Kontingenzbewusstsein' umschrieben werden kann.

6.3 Praktische Mehrwerte

Im Sinne des Primats der Praxis als Ausgangspunkt allen pragmatistischen Denkens und Handelns sollen die erdachten Mehrwerte für die politische und wissenschaftliche Praxis hier ihren Platz finden. Für die Politikpraxis liegt der Mehrwert primär darin begründet, dass die Akteure der deutschen Außen- und Sicherheitspolitik und ihr Handlungs- und Entscheidungsrepertoire ein Vokabular um ein Möglichkeitsbewusstsein für das Unbekannte, Irrationale und Unkalkulierbare der Kontingenz erhält. Das kontingenzsensible Vokabular soll dabei helfen, die Dynamisierungserscheinungen des außen- und sicherheitspolitischen Handlungsumfeldes besser beschreiben zu können.

So ist der Autor dieser Studie der Überzeugung, dass sich ‚echte' Krisen und Konflikte als Herausforderung für die deutsche Außen- und Sicherheitspolitik zukünftig (noch) stärker dadurch auszeichnen werden, dass sie eben nicht vorhersehbar oder kalkulierbar sind. Ein Befund, der sich anhand der außen- und sicherheitspolitischen Großereignisse der jüngeren Vergangenheit um die Terroranschläge des 11. Septembers 2001 in den USA, die destabilisierenden Effekte des ‚Arabische Frühling' um 2011 oder dem Ukraine-Konflikt seit 2014 und die völkerrechtswidrige Annexion der Krim durch Russland nachzeichnen lässt. Denn all jene Ereignisse haben gemein, dass sie auf die eine oder andere Weise überraschend waren, was zugleich den Wesenskern dieser Krisen und Konflikte ausmacht. Die ‚echten' Krisen und Konflikte würden ansonsten auch nicht die derart bezeichnenden Folgen haben, wenn sie ‚einfach' routinemäßig bearbeitbar wären. Eine wichtige Erkenntnis dieser Studie ist dafür, dass die deutsche Außen- und Sicherheitspolitik ein Kontingenzbewusstsein haben sollte, dass sich weniger mit den Werkzeugen und ihren Vokabeln des ‚Notwendigen' oder des ‚Unmöglichen' beschäftigt, sondern mit dem dazwischenliegenden kontingenzsensiblen ‚Möglichen'. Denn die Hinführung über das Bundestagsmandat der Anti-ISIS-Mission und ihr dilemmatischer Ausgangspunkt skizziert beispielhaft, was passiert, wenn das von den außen- und sicherheitspolitischen Akteure routinemäßige Vokabular nicht in der Lage ist, das unbekannte Neue und die daraus entstehenden Handlungs- und Alternativmöglichkeiten zu beschreiben, um notwendige Entscheidungen und Handlungen zu produzieren.

Indes kann die Gefahr der verheerenden Delegitimierungseffekte nicht oft genug wiederholt werden: Wenn die Außen- und Sicherheitspolitik der Bundesrepublik Deutschland es selbst ernst mit ihren Ankündigungen um *Verantwortung übernehmen* und *früh(er), entschieden(er), substanziell(er)* und ihre strategischen Implikationen nimmt, dann sollte sie sich zunehmend mit dem unwahrscheinlich Erscheinenden der Kontingenz auseinandersetzen – nämlich das, was weder *notwendig* noch *unmöglich* ist. Auf der konkreten Handlungs- und Gestaltungsebene wird weniger – so die Überzeugung des Autors dieser Studie – das Wissen um die Wahrscheinlichkeit für das Eintreten oder Nichteintreten eines Ereignisses von Relevanz sein. Sondern und gerade unter der Prämisse fortschreitender gesellschaftlicher Dynamisierungsprozesse werden vielmehr die *Möglichkeiten* sog. ‚Strategic Surprises' (vgl. unter vielen dazu Byman 2005: 145-170) anwachsen und damit der Umgang mit Nichtwissen gegenüber dem Unbekannten. Das kontingenter werdende außen- und sicherheitspolitische Handlungsumfeld dürfte in Zukunft zunehmend weniger dem ähneln, was bekannt, kalkulierbar und mittels rationalen Mess- und Analyseinstrumenten greifbar ist, da es sich zukünftig fortschreitend und schneller verändern wird und damit immer weniger eine Vergleichsfolie liefert. Und genau an dieser Stelle dürfte ein Kontingenzbewusstsein, das diese Entwicklungen antizipiert, als ein Baustein im strategischen Portfolio der Außen- und Sicherheitspolitik der Bundesrepublik Deutschland sein. Aber auch hier gilt, ein nötiges Mittelmaß aus kontingenzsensiblen und ‚klassischen' Ansätzen der Außen- und Sicherheitspolitik zu finden und austarieren, bevor der von Anna Geis heraufbeschworene Zustand von kontingenzüberwältigender Anomie und Angst eintritt (vgl. Geis 2012: 155).

Für die Politikwissenschaft und die Teildisziplin der Internationalen Beziehungen (IB) im Allgemeinen und den Forschungs- und Debattenprozess um Strategiebildung in den Politikfeldern der Außen- und Sicherheitspolitik im Besonderen liegt der Mehrwert dieser kontingenztheoretischen Grounded Theory-Studie primär darin begründet, dass der Blickwinkel der Forschung auf das schwierig zu fassende Thema und Problem des unwahrscheinlich Erscheinenden der Kontingenz liegt. Der ‚eigentliche' Mehrwert dieser Studie ist das Aufeinandertreffen dieser beiden ‚Forschungswelten' und ihren dazugehörigen ‚Netzen aus Überzeugungen' (vgl. Rorty 2016 [1992]: 94). Die Erzählung, die in dieser Studie eröffnet wird, sollte wünschenswerterweise als Anfangspunkt einer größeren Erzählung betrachtet werden, auf die noch viele weitere ‚Kapitel' folgen werden, um sich im Gesamtpanorama politikwissenschaftlicher Forschung um die Strategiebildung der deutschen Außen- und Sicherheitspolitik einzuordnen. Auch hier gilt das Diktum, dass sich die auf Rationalismus und Letztbegründungen basierte Sozialwissenschaften nicht der Kontingenz ihres Schaffens verschließen kann. Die Studie soll hierfür Sensibilisierung schaffen.

Zugleich gilt für die vorliegende Studie, dass sie nicht den Anspruch für sich erheben kann (und möchte), vollständig oder abschließend zu sein. Denn im Sinne der Prämisse des Pragmatismus' von der Fehlbarkeit und Vorläufigkeit aller (wissenschaftlichen) Erkenntnisse, kann auch diese Studie nur ein weiterer Anschlusspunkt für die Forschung sein, der wünschenswerter Weise den Forschungsprozess von ‚Zweifeln' und ‚Überzeugungen' weiter antreibt. Ein konkreter Anschlusspunkt könnte demzufolge für eine Nachtfolgearbeit sein, dass die kontingenzöffnenden Semantiken um *Resilienz, Kreativität* und *Dialog* vertieft im Hinblick auf die hier untersuchten kontingenzsensiblen ‚Variablen' von Nichtwissen und dem ‚spielerischen' Umgang mit Kontingenz (Stichwort: virtù) in einer Studie gewürdigt wird. Hier schwingt die Annahme mit, dass diese Ansätze für die zukünftige Strategiebildung der Außen- und Sicherheitspolitik der Bundesrepublik Deutschland von zunehmender Relevanz sein werden. Eine vertiefte und breite diachrone Vergleichsstudie dürfte hier erkenntnisreiche Aufschlüsse für die Forschungspraxis liefern.

7 Forschungspraktische Reflexion

Da der in dieser Studie verwendete Forschungsstil einer Grounded Theory theoriebildend arbeitet und eine daraus abgeleitete Konsequenz ist, dass das subjektive Moment innerhalb des Forschungsprozesses wesentlich bedeutender wird, kann die intersubjektive Nachvollziehbarkeit als das wichtigste Qualitätskriterium der eigenen Theorieleistung betrachtet werden. Um diese zu gewährleisten, wurden während des Kodierprozesses unzählige Memos erstellt, die den Denk- und Handlungsprozess des Forschenden dokumentieren. Da es aufgrund der begrenzten Platzmenge einer jeden GT-Studie schlicht und ergreifend nicht möglich und sinnvoll wäre, alle Memos, die während des Kodierprozesses entstanden sind, abzubilden, kommt der forschungspraktischen Reflexion hier eine besondere Rolle zu. Diese soll die intersubjektive Nachvollziehbarkeit neben der eigentlichen Argumentation in der Studie unterstützen.

Zunächst soll hier erwähnt werden, dass ein Großteil der Zeit zur Erstellung dieser Studie mit der Anfertigung von Memos verbracht wurde. Die Memos wurden dabei Großteils mittels klassischer Textverarbeitungssoftware erstellt und mitunter durch handschriftliche Notizen aber vor allem auch Skizzen und Schaubilder ergänzt. Hier muss betont werden, dass vor allem mithilfe der selbsterstellten Schaubilder und Skizzen das schwierig zu greifende Thema der Kontingenz sinnvoll visualisiert werden konnte. Auf diese Weise konnte, so hat sich recht früh herausgestellt, bestmöglich die Kreativität und Freiheit der Forschungspraxis entfaltet werden. Die digital aufbereiten Schaubilder in der Studie repräsentieren gewissermaßen unvollständig die ‚Überbleibsel' dieser wichtigen Forschungsschritte.

Im Laufe des dreistufigen Kodierprozesses haben sich die Memos fortlaufend theoretisch gesättigt, sodass sie abschließend in das Dokument der eigentlichen Studie überführt wurden. Am Anfang eines jeden Forschungsprozesses einer GT, so ist die bisher gemachte Erfahrung des Forschenden, ist einige Zeit nötig, um die parallel durchgeführten Arbeitsschritte auf das Thema und die Fragestellung einzustellen. Nach einiger Zeit haben sich auch in dieser Studie Routinen im Ablauf von Texterschließung, Vergleichsarbeit, Arbeitsthesenbildung, Interpretation und Erstellung der Memos abgezeichnet. Der von Corbin und Strauss genannte „kreative Moment der Abduktion" (zit. nach Strübing 2018: 33) hat sich dabei immer häufiger eingestellt und ließ auf diese Weise den Erkenntnisfortschritt auf befriedigende Weise zeigen. Einer der großen Vorteile des theoriebildenden Ansatzes von Grounded Theory überhaupt, nämlich, dass mitunter Erkenntnisse sichtbar werden, die mit einer vorher aufgesetzten theoretischen Brille nicht zum Vorschein gekommen wären, konnte spürbar nachvollzogen werden.

Gleichwohl muss zur Anwendung der hier vorgelegten GT kritisch angermerkt werden, dass die forschungspraktische Freiheit indes auch ihren Preis hat. Denn das intuitive Vorgehen bietet selbstredend einzigartige Möglichkeiten bisher Unbeobachtetes zu beobachten. Zugleich aber besteht die Gefahr, dass die Analyse jederzeit ins Beliebige abdriften könnte. Denn durch das intuitive und zugleich stark assoziative Verfahren des kontinuierlichen hypothetischen Schließens kann es mitunter zu starken Verirrungen beim Forschungsprozess kommen. Hier war der Forschende während des Erstellungsprozess gefordert, wachsam zu sein, indem er das eigene Vorgehen permanent selbstkritisch hinterfragt. Auch bei der Erstellung der vorliegenden GT kam es vor, dass Kategorien und Konzepte zunächst als theoretisch gesättigt erachtet wurden, da sie sinnvoll erschienen, obwohl sie bei erneuter Prüfung zu einem späteren Zeitpunkt diesen Eindruck nicht Aufrechterhalten konnten, sodass sie verworfen werden mussten. So wurden vom Anfang bis zum Ende des Forschungsprozesses Kategorien verworfen, die vorher noch als nachvollziehbar befunden wurden. Gerade in diesem Schritt, so ist die Überzeugung des Forschenden, sind zwei Dinge unabdinglich: Die nötige Zeit zur Prüfung einzuplanen als auch Resilienzen hinsichtlich des Frustrations- und Überraschungsniveaus bestmöglich aufzubauen. Die Bereitschaft, einen Großteil der Verschriftlichungen zu verwerfen, bzw. sie in der fertigen Studie nicht abbilden zu können, ist unabdingbar. Hinsichtlich des Frustrationsniveau hat es sicherlich geholfen, dass die vorliegende Studie nicht die erste erarbeitete GT-Studie war.

Indes muss über das eigene Prüfverfahren selbstkritisch eingestanden werden, dass es sinnvoll wäre, den Kodierprozess als einen kollektiven Prozess mit anderen Forschenden zu organisieren – indem bspw. eine ‚Kodierwerkstatt' organsiert worden wäre. Auf diese Weise würde zum einen ein möglicher subjektiver ‚Überschuss' eingedämmt und gewissermaßen durch ‚Checks and Balances' überprüft und ausgeglichen werden. Denn auch hier gilt, dass ‚vier Augen mehr als zwei sehen'. Aus diesem Grund auch sahen die Urväter Corbin und Strauss die Arbeit mittels einer GT als eine gemeinsame analytische Arbeit am Material. Zum anderen wären gerade im frühen Stadium des offenen und axialen Kodierens weitere Forschende eine Möglichkeit gewesen, den Forschungsprozess mittels Assoziationshilfen hinsichtlich der inhaltlichen Kreativität zu verbessern. Auf diese Weise würde die Gefahr eingedämmt werden, einen ‚Tunnelblick' des Forschenden für das eigene Thema zu bekommen und deshalb kreative Momente zu verpassen. Um diesen wahrgenommenen Aspekt zumindest etwas einzudämmen, wurde vermehrt im privaten Umfeld Arbeitshypothesen besprochen und diskutiert. Interessanterweise hat sich gerade das nicht-politikwissenschaftliche Umfeld als sinnvoll für neue kreative Anregungen erwiesen. Eine Erkenntnis also, die hier mittunter mit der Bundesregierung geteilt wird (vgl. Kap. 5.4.).

Die Rahmung der Studie mittels den forschungsleitenden Grundannahmen des Pragmatismus und das Primat der Praxis sowie die Anwendung einer GT haben sich grundsätzlich als äußerst sinnvoll erwiesen. Denn auf diese Weise, so die eigene Wahrnehmung, stand das Problem um die Herausforderung von Kontingenz für die Strategiebildung deutscher Außen- und Sicherheitspolitik von Anfang an im Mittelpunkt. Gerade der semantische Zugriff der vorliegenden Studie, der über die sprachphilosophischen Überlegungen von Rorty, Wittgenstein und Davidson gefunden wurde, half dabei zweifellos, Veränderungen im Vokabular als Veränderungen der Überzeugungsstrukturen der Bundesregierung auszumachen.

Dennoch muss abschließend festgehalten werden, so der bleibende Eindruck der Forschung, dass sich eine vollständige Loslösung subsumtionslogischer Denkweisen in der konkreten Forschungspraxis als äußerst schwierig erweist – wenn nicht gar illusorisch ist. Postuliert doch der Pragmatismus als Kritik an die großen Theorieparadigmen der Internationalen Beziehungen diese, konnten während der Forschungspraxis mitunter gegenteilige Tendenzen festgestellt werden. Auch die Überlegungen des Pragmatismus liefern letztlich eine Schablone dafür, Erkenntnisse unter das eigene Vokabular zu subsumieren. So hat sich gerade im fortschreitenden Verlauf des Forschungsprozesses eine Zunahme subsumtionslogischen Denkens und Schreibens herausgestellt, dem mitunter nur schwerlich entgegengesteuert werden konnte. Auch hier war es wichtig, das bereits Festgehaltene jederzeit zu hinterfragen und kritisch mit den eigenen Überlegungen umzugehen.

8 Verzeichnisse

8.1 Abbildungs- und Tabellenverzeichnis

Abbildung 1: Iterativ-zyklische Sequenz von Problembestimmungs- und -lösungsprozessen (aus Strübing 2018: 33) 44

Abbildung 2: Zusammenfassende Darstellung der Rahmenerzählung um ‚Verantwortung übernehmen' und der Binnenerzählung um ‚früh(er) – entschieden(er) – substanziell(er)' im jüngsten Narrativ bundesdeutscher Außen- und Sicherheitspolitik 55

Abbildung 3: Rahmenerzählung ‚Verantwortung übernehmen' zwischen *Wiedergutmachungs*verantwortung und Verantwortungs*beauftragung*. 80

Abbildung 4: Binnenerzählung ‚früh(er), entschieden(er), substanziell(er)' zwischen *Sicherheitsvorsorge* und *Resilienz, Kreativität und Dialog*. 88

Tabelle 1: Vergleich der absoluten Häufigkeiten des Substantivs *Resilienz* im Aktionsplan 2004, Weißbuch 2006, Weißbuch 2016 und den Leitlinien 2017... 100

8.2 Quellenverzeichnis

Untersuchungsgegenstände

Bundesregierung (2004): Aktionsplan ‚Zivile Krisenprävention, Konfliktlösung und Friedenskonsolidierung'. Hrsg.: Auswärtiges Amt.

Bundesregierung (2006): Weißbuch zur Sicherheitspolitik Deutschlands und zur Zukunft der Bundeswehr. Hrsg.: Bundesministerium der Verteidigung.

Bundesregierung (2016): Weißbuch zur Sicherheitspolitik und zur Zukunft der Bundeswehr. Hrsg.: Bundesministerium der Verteidigung.

Bundesregierung (2017): Krisen verhindern, Konflikte bewältigen, Frieden fördern. Leitlinien der Bundesregierung. Hrsg.: Auswärtiges Amt.

Weitere empirische Quellen

Bundesministerium der Justiz und Verbraucherschutz (2006): Gesetz über die parlamentarische Beteiligung bei der Entscheidung über den Einsatz bewaffneter Streitkräfte im Ausland (Parlamentsbeteiligungsgesetz). Abrufbar unter: http://www.gesetze-im-internet.de/parlbg/index.html (13.03.2019).

Bundesministerium der Verteidigung (2017): Was ist ein Weißbuch? Abrufbar unter: https://www.bmvg.de/de/themen/weissbuch/faq/was-ist-ein-weissbuch--12388 (13.03.2019.

Bundesregierung (2014): Antrag der Bundesregierung zur Ausbildungsunterstützung der Sicherheitskräfte der Regierung der Region Kurdistan-Irak und der irakischen Streitkräfte. Drucksache 18/3561 vom 17.12.2014.

Bundesregierung (2017): Entwicklungspolitik als Zukunfts- und Friedenspolitik. 15. Entwicklungspolitischer Bericht der Bundesregierung. Hrsg.: Bundesministerium für wirtschaftliche Zusammenarbeit und Entwicklung.

Bundesregierung (2016): Antrag der Bundesregierung zur Fortsetzung der Beteiligung bewaffneter deutscher Streitkräfte zur Ausbildungsunterstützung der Sicherheitskräfte der Regierung der Region Kurdistan-Irak und der irakischen Streitkräfte. Drucksache 18/7207 vom 06.01.2016.

Bundesregierung (2017): Territoriale Integrität des Irak unverzichtbar. Referendum über kurdischen Staat. Pressemitteilung vom 15.09.2018. Abrufbar unter:

https://www.bundesregierung.de/breg-de/aktuel- les/territoriale-integritaet-des-irak-unverzichtbar-394398 (13.03.2019).

Bundesregierung (2017a): Antrag der Bundesregierung zur Fortsetzung der Beteiligung bewaffneter deutscher Streitkräfte zur Ausbildungsunterstützung der Sicherheitskräfte der Regierung der Region Kurdistan-Irak und der irakischen Streitkräfte. Drucksache 18/10820 vom 11.01.2017.

Bundesregierung (2017b): Antrag der Bundesregierung zur Fortsetzung der Beteiligung bewaffneter deutscher Streitkräfte zur Ausbildungsunterstützung der Sicherheitskräfte der Regierung der Region Kurdistan-Irak und der irakischen Streitkräfte. Drucksache 19/25 vom 25.10.2017.

Bundesregierung (2018a): Antrag der Bundesregierung zum Einsatz bewaffneter deutscher Streitkräfte zur nachhaltigen Bekämpfung des IS-Terrors und zur umfassenden Stabilisierung Iraks. Drucksache 19/1093 vom 07.03.2018.

Bundesregierung (2018b): Antrag der Bundesregierung zur Fortsetzung der Beteiligung bewaffneter deutscher Streitkräfte zur nachhaltigen Bekämpfung des IS-Terrors und zur umfassenden Stabilisierung Iraks. Drucksache 19/4719 vom 04.10.2018.

Bundeswehrverband (2018): Kein Mandat ohne strategisches Konzept! Pressemitteilung vom 03.02.2018. Abrufbar unter: https://www.dbwv.de/aktuelle-themen/verband-aktuell/beitrag/news/wuestner-kein-mandat-ohne-strategisches-konzept/ (13.03.2019).

Koalitionsvertrag von CDU/CSU und SPD (2018): Ein neuer Aufbruch für Europa. Eine neue Dynamik für Deutschland. Ein neuer Zusammenhalt für unser Land. Koalitionsvertrag zwischen CDU, CSU und SPD. 19. Legislaturperiode.

Sekundärliteratur

Berlin, Isaiah 2009 [1953]: Der Igel und der Fuchs. Frankfurt am Main: Suhrkamp Verlag.

Betts, Richard (2000): Is Strategy an Illusion? In: International Security 25 (2). Cambridge: The MIT Press Journals. S. 5-50.

Bittner, Jan (2011): Strategiefähigkeit in der deutschen Außenpolitik. In: Policy Brief Globale Frage (07/11). Hrsg.: Stiftung Neue Verantwortung. Abrufbar unter:

https://www.stiftung nv.de/sites/default/files/072011_policy brief _strategiefahigkeit_aussenpolitik.pdf (13.03.2019).

Breithaupt, Moritz/Kolmar, Martin (2018): Wo Experten zögern. Die Krise der Wissenschaft. In: DIE ZEIT (28/2018). Abrufbar unter: https://www.zeit.de/2018/28/akademiker-wissenschaftler-intellektuelle-prestige-autoritaet/komplettansicht?fbclid=IwAR03oTnfsEOGzDEJvwBmlHviU2BeySGc9Kj_K-WZoU23VOpga_q2lqStV5Q (13.03.2019).

Bruhns, Malte et al. (2009): Die strategische Kultur der deutschen Sicherheitspolitik: Brauchen wir eine nationale Sicherheitsstrategie? In: Policy Brief Globale Frage (08/09). Hrsg.: Stiftung Neue Verantwortung. Abrufbar unter: https://www.stiftung-nv.de/sites/default/files/0809_policy_brief_strategische_kultur.pdf (13.03.2019).

Byman, Daniel (2005): Strategic Surprise and the September 11 Attacks. In: Annual Review of Political Science 8 (1). Palo Alto: Annual Review. S.145-170.

Corbin, Juliet/Strauss, Anselm (2008): Basics of qualitative research. Techniques and Procedures for Developing Grounded Theory. 3. Aufl. Thousand Oaks: Sage.

Dewey, John 1998 [1929]: Die Suche nach Gewissheit. Eine Untersuchung des Verhältnisses von Erkenntnis und Handeln. Frankfurt am Main: Suhrkamp Verlag.

Dewey, John, 2002 [1935]: Logik. Die Theorie der Forschung. Frankfurt am Main: Suhrkamp Verlag.

Esposito, Elena (2012): Kontingenzerfahrung und Kontingenzbewusstsein in systemtheoretischer Perspektive. In: Politik und Kontingenz. Hrsg.: Toens, Kathrin/Willems, Ulrich. Wiesbaden: VS Verlag. S. 39-48.

Franke, Ulrich/Roos, Ulrich (2015): Rekonstruktionslogische Forschungsansätze. In: Handbuch der Internationalen Politik. Hrsg.: Masala, Carlo/Sauer, Frank/Wilhelm, Andreas/Tsetsos, Konstantinos. S. 286-303.

Geis, Anna (2012): Komplexität, Kontingenz und Nichtwissen als Herausforderungen demokratischen Regierens. In: Politik und Kontingenz. Hrsg.: Toens, Kathrin/Willems, Ulrich. Wiesbaden: VS Verlag. S. 143-160.

Giegerich, Bastian/Jonas, Alexandra (2012): Auf der Suche nach best practice? Die Entstehung nationaler Sicherheitsstrategien im internationalen Vergleich. In: Sicherheit und Frieden 30 (03/2012). S. 129-134.

Greven, Michael Th. (2000): Kontingenz und Dezision. Beiträge zur Analyse der politischen Gesellschaft. Opladen: Leske + Budrich.

Hellmann, Gunther/Weber, Christian/Sauer, Frank (2008): Die Semantik der neuen deutschen Außenpolitik. Eine Analyse des außenpolitischen Vokabulars seit Mitte der 1980er Jahre. Wiesbaden: VS Verlag.

Hellmann, Gunther (2010): Pragmatismus. In: Handbuch der Internationalen Politik. Hrsg.: Masala, Carlo/Sauer, Frank/Wilhelm, Andreas/Tsetsos, Konstantinos. Wiesbaden: VS Verlag. S. 148-181.

Hellmann, Gunther (2016): Zwischen Gestaltungsmacht und Hegemoniefalle. Zur neuesten Debatte über eine ‚neue deutsche Außenpolitik'. In: Aus Politik und Zeitgeschichte (APuZ) (28-29/2016). Hrsg.: Bundeszentrale für politische Bildung (BpB). Abrufbar unter: http://www.bpb.de/apuz/230569/zur-neuesten-debatte-ueber-eine-neue-deutsche-aussenpolitik?p=all (13.03.2019).

Hellmann, Gunther (2017): Verantwortungspolitik. Deutschlands Gewicht in der Waagschale Europas. In: Deutschlands neue Verantwortung: Die Zukunft der deutschen und europäischen Außen-, Entwicklungs- und Sicherheitspolitik. Hrsg.: Ischinger, Wolfgang/Messner, Dirk. Berlin: Econ Verlag. Abrufbar unter: http://www.deutschlands-verantwortung.de/beitraege/verantwortungspolitik-deutschlands-gewicht-in-der-waagschale-europas (13.03.2019).

Herborth, Benjamin (2015): Rekonstruktive Forschungslogik. In: Handbuch der Internationalen Politik. Hrsg.: Masala, Carlo/Sauer, Frank/Wilhelm, Andreas/Tsetsos, Konstantinos. Wiesbaden: Springer VS. S. 261-280.

Hoffmann, Arnd (2012): Kontingenzerfahrung und Kontingenzbewusstsein aus historischer Perspektive. In: Politik und Kontingenz. Hrsg.: Toens, Kathrin/Willems, Ulrich. Wiesbaden: VS Verlag. S. 49-64.

Ischinger, Wolfgang/Messner, Dirk (Hrsg.) (2017): Deutschlands neue Verantwortung: Die Zukunft der deutschen und europäischen Außen-, Entwicklungs- und Sicherheitspolitik. Berlin: Econ Verlag.

Jacobi, Daniel/Hellmann, Gunther (2018): Zwischen Notwendigkeit und Möglichkeit. Herausforderungen sicherheitspolitischer Strategiebildung im 21.

Jahrhundert. Diskussionspapier. Hrsg.: Bundesakademie für Sicherheitspolitik. Abrufbar unter: https://www.baks.bund.de/sites/baks010/files/diskussionspapier_juli_2018_herausforderungen_sicherheitspolitischer_strategiebildung.pdf (13.03.2019).

Joas, Hans (2012): Das Zeitalter der Kontingenz. In: Politik und Kontingenz. Hrsg.: Toens, Kathrin/Willems, Ulrich. Wiesbaden: VS Verlag. S. 25-39.

Kessel, Katja/Reimann, Sandra (2012): Basiswissen Deutsche Gegenwartssprache. Tübingen: Narr Francke Attempto Verlag.

Knöbl, Wolfgang (2012): Kontingenzen und methodologische Konsequenzen. Vom schwierigen Umgang mit einem sperrigen Thema. In: Politik und Kontingenz. Hrsg.: Toens, Kathrin/Willems, Ulrich. Wiesbaden: VS Verlag. S. 65-94.

König, René (1979): Niccolo Machiavelli. Zur Krisenanalyse einer Zeitenwende. München, Wien: Hanser Verlag.

Laclau, Ernesto (2002): Emanzipation und Differenz. Wien: Turia + Kant Verlag.

Linnekamp, Hilmar/Mölling, Christian (2015): Das Weißbuch zur Verteidigungspolitik. Innere Herausforderungen bestimmen in größerem Maße über die Möglichkeiten deutscher Verteidigungspolitik als das strategische Umfeld. SWP-Aktuell 21. Abrufbar unter: https://www.swp-berlin.org/fileadmin/contents/products/aktuell/2015A21_lnk_mlg.pdf (13.03.2019).

Luhmann, Niklas (1975): Soziologische Aufklärung 2. Aufsätze zur Theorie der Gesellschaft. Opladen: Westdeutscher Verlag.

Luhmann, Niklas (1995): Politik und Wirtschaft. In: Merkur 49 (7). S. 573-581.

Makropoulos, Michael (1997): Modernität und Kontingenz. München: Fink Verlag.

Masala, Carlo (2016): Weltunordnung: Die globalen Krisen und das Versagen des Westens. München: C.H. Beck.

Münkler, Herfried (1984): Machiavelli. Die Begründung des politischen Denkens der Neuzeit aus der Krise der Republik Florenz. Frankfurt am Main: Fischer-Taschenbuch Verlag.

Panetta, Gesa (2013): EU-Sicherheitspolitik als Stabilisierungsarbeit. Eine Grounded-Theory- Studie. Wiesbaden: Springer VS.

Roos, Ulrich (2010): Deutsche Außenpolitik. Eine Rekonstruktion der grundlegenden Handlungsregeln. Wiesbaden: VS Verlag.

Rorty, Richard (2016) [1992]: Kontingenz, Ironie und Solidarität. Frankfurt am Main: Suhrkamp Verlag.

Rüb, Friedbert W. (2012): Politische Entscheidungsprozesse, Kontingenz und demokratischer Dezisionismus. Eine policy-analytische Perspektive. In: Politik und Kontingenz. Hrsg.: Toens, Kathrin/Willems, Ulrich. Wiesbaden: VS Verlag. S. 117-142.

Sandschneider, Eberhard (2012): Deutsche Außenpolitik: eine Gestaltungsmacht in der Kontinuitätsfalle. In: Aus Politik und Zeitgeschichte (APuZ) (10/2012). Hrsg.: Bundeszentrale für politische Bildung (BpB). Abrufbar unter: http://www.bpb.de/apuz/75784/deutsche-aussenpolitik-eine-gestaltungsmacht-in-der-kontinuitaetsfalle-essay?p=all (13.03.2019).

Sikorski, Radosław (2011): "Ich fürchte die deutsche Untätigkeit". Europa erlebt gerade seinen beängstigendsten Moment. Nur Berlin kann den Niedergang abwenden. Ein Gastbeitrag. In: DIE ZEIT (49/2011). Abrufbar unter: https://www.zeit.de/2011/49/P-Europa (13.03.2019).

Stehr, Nico (2003): Wissenspolitik. Die Überwachung des Wissens. Frankfurt am Main: Suhrkamp.

Strauss, Anselm L./Corbin, Juliet (1996): Grounded Theory: Grundlagen qualitativer Sozialforschung. Weinheim: Beltz Verlag.

Strauss, Anselm L. (1991): Grundlagen qualitativer Sozialforschung. Datenanalyse und Theoriebildung in der empirischen soziologischen Forschung. München: Fink Verlag.

Strauss, Anselm L. (2004): Analysis through microscopic examination. In: Sozialer Sinn 5 (2). S. 169–176.

Strübing, Jörg (2018): Grounded Theory: Methodische und methodologische Grundlagen. In: Praxis Grounded Theory. Theoriegenerierendes empirisches Forschen in medienbezogenen Lebenswelten. Ein Lehr- und Arbeitsbuch. Hrsg.: Pentzold, Christian/Bischof, Andreas. Wiesbaden: VS Verlag. S. 27-52.

Terhalle, Maximilian (2018): Strategie und Strategielehre. In: Zeitschrift für Außen- und Sicherheitspolitik 11 (1). S. 83-100.

Toens, Katrin/Willems, Ulrich (2012): Kontingenz und Politik – Interdisziplinäre und politikwissenschaftliche Perspektiven. In: Politik und Kontingenz. Hrsg.: Toens, Kathrin/Willems, Ulrich. Wiesbaden: VS Verlag. S. 11-22.

Wefer, Matthias (2004): Kontingenz und Dissens. Postheroische Perspektiven des politischen Systems. Wiesbaden: VS Verlag.

Wetz, Franz Josef (1998): Die Begriffe „Zufall" und „Kontingenz". In: Kontingenz. Hrsg.: von Graevenitz, Gerhart/Marquard, Odo. München: Fink Verlag. S. 27-34.

Wilke, Helmut (1993): Systemtheorie: eine Einführung in die Grundprobleme der Theorie sozialer Systeme. 4., überarbeitete Auflage. Stuttgart: G. Fischer Verlag.

Wissenschaftlicher Dienst des Deutschen Bundestags (2015): Lehren aus dem Ausland und Argumente für die Erarbeitung einer nationalen Sicherheitsstrategie der Bundesrepublik Deutschland. WD 2 – 3000 – 049/15. Abrufbar unter: https://www.bundestag.de/resource/blob/406034/d832746db5f301dd06e644076 7091f6c/wd-2-049-15-pdf-data.pdf (13.03.2019).

Lexika

entschieden auf Duden online. Abrufbar unter: https://www.duden.de/rechtschreibung/entschieden_entschlossen_eindeutig (13.03.2019).

Experte auf Duden online. Abrufbar unter: https://www.duden.de/rechtschreibung/Experte (13.03.2019).

früh auf Duden online. Abrufbar unter: https://www.duden.de/rechtschreibung/frueh_juengst_fruehzeitig#Bedeutung1 (13.03.2019).

Komparativ auf Duden online. Abrufbar unter: https://www.duden.de/rechtschreibung/Komparativ (13.03.2019).

Resilienz auf Duden online. Abrufbar unter: https://www.duden.de/rechtschreibung/Resilienz (13.03.2019).

Resilienz im Digitalen Wörterbuch der deutschen Sprache (DWDS). Abrufbar unter: https://www.dwds.de/wb/Resilienz (13.03.2019).

Shoah auf Duden online. Abrufbar unter: https://www.duden.de/rechtschreibung/Schoah (13.03.2019).

substanziell auf Duden online. Abrufbar unter: https://www.duden.de/rechtschreibung/substanziell (13.03.2019).

Synthese auf Duden online. Abrufbar unter: https://www.duden.de/rechtschreibung/Synthese (13.03.2019).

Verantwortung im Digitalen Wörterbuch der deutschen Sprache (DWDS). Abrufbar unter: https://www.dwds.de/wb/Verantwortung (13.03.2019).

Verantwortung auf Duden online. Abrufbar unter: https://www.duden.de/rechtschreibung/Verantwortung (13.03.2019).

Vorsorge auf Duden online. Abrufbar unter: https://www.duden.de/rechtschreibung/Vorsorge (13.03.2019).

Zeitfracht Medien GmbH
Ferdinand-Jühlke-Straße 7
99095 Erfurt, Deutschland
produktsicherheit@kolibri360.de